이 책을 내안의 나인

아내 김선희님께

바칩니다.

그리고

이 책을 읽는 분들께

셀 수 없이도 많으면서

동시에 하나인

마음을 드립니다.

'마음에 이슬하나'를 쓰신

전택원 선생님께

이슬방울 하나를 바칩니다.

보건복지 이야기

마음을 더하는 복지를 꿈꾸며

초판 1쇄   2014년 05월 07일

지은이   이석규
발행인   김재홍
책임편집   조유영 김태수
마케팅   이연실

발행처   도서출판 지식공감
등록번호   제396-2012-000018호
주소   경기도 고양시 일산동구 견달산로225번길 112
전화   031-901-9300
팩스   031-902-0089
홈페이지   www.bookdaum.com

가격   15,000원
ISBN   979-11-5622-026-8   93330

CIP제어번호   CIP2014012697
이 도서의 국립중앙도서관 출판시 도서목록(CIP)은 e-CIP 홈페이지(http://www.nl.go.kr/ecip)에서 이용하실 수 있습니다.

보건복지 이야기

마음을
더하는
복지를
꿈꾸며

이 석 규

| 저 자 소 개 |

❖ 저자 이석규는 보건복지부에 30여 년 째 근무 중임.

국립의료원, 국립소록도병원, 재활과, 부녀복지과, 보험제도과, 감사관실, 법무담당관실, 식품의약품진흥과, 노인복지과에 근무했으며

공공보건의료확충추진단 과장, 국제협력담당관, 아동복지팀장, 보험권리구제팀장, 보험평가팀장, 아동청소년보호과장, 구강생활건강과장, 운영지원과장, 사회보험징수통합추진단 단장과 총괄조정과장, 복지급여권리과장을 역임하였으며

현재 보건산업진흥과장으로 재직 중임. 성균관대학교 법학과와 미국 인디애나 주립 대학교(Indiana State University) 대학원 졸업. 노년사회학 석사. 캐나다 사이먼 프레이저 대학교(Simon Fraser University) 노인복지연구소(Gerontology Research Centre)에 visiting scholar로 연수 다녀옴.

Contents

목차

제1장 복지 원칙에 대하여

제2장 복지재원에 대하여

제3장 복지인프라에 대하여

제4장 사회보험에 대하여

제5장 공공부조에 대하여

이야기 목차

정익중 이화여대 사회복지학과 교수

제가 존경하는 이석규 과장님의 보건복지 이야기 초판에 대해 읽을 기회를 먼저주시고 서평을 하게 되어 영광스럽게 생각합니다. 이 책은 30여년간 복지부에서 보내셨던 과장님의 우직한 행보가 눈에 보이는 의미있는 저서라고 판단됩니다. 책은 사람을 닮아간다고 하는데 옆에서 뵈었던 모습대로 조용하지만 큰 울림이 있는 책이라 생각됩니다.

오랫동안 우리 정치의 변두리에 머물러있던 복지문제가 최근에는 정치판의 중심으로 부각되고 있습니다. 이러한 현상이 국민적 열망의 표출인지, 정치적 포퓰리즘의 발로인지 정확하게 알 수 없지만 복지가 거시적인 담론으로 거론된다는 것이 복지를 전공하는 한 사람으로서 환영할 만한 일이 아닐 수 없습니다. 하지만 지금까지 정치권을 중심으로 이루어지는 이러한 담론에는 진정성이 보이지 않는 것이 문제입니다.

정말 국민의 이름으로 행해지고 있는 것인지, 단지 국민의 표 때문에 이루어지고 있는 것은 아닌자 의심스러울 때가 많습니다. 국민들은 똑똑하기 때문에 누가 국민을 중심에 두고 이를 복지정책에 반영하고 있는지를 분명히 구분할 수 있습니다. 이런 가운데 나온 이석규 과장님의 보건복지 이야기는 국민에 대한 애정과 진심이 느껴져서 좋았습니다.

이 책은 복지원칙, 예산에서부터 전달체계, 각 세부 복지영역까지 사회복지의 거의 모든 것들을 다루고 있으면서도 국민에 대한 애정이 핵심에서 흔들리지 않는 모습으로 일관성을 보이고 있습니다. 각 장의 내용을 하나씩 읽으면서 과장님의 복지에 대한 생각들의 퍼즐을 맞춰보고 뭔가 해결의 실마리를 찾을 수 있을 것 같다는 희망은 저를 행복하게 했고 이 책을 읽을 여러분들을 행복하게 할 것이라 생각합니다.

과장님의 표현처럼 복지가 쌀을 주고 돈을 주는 것으로 끝나는 것이 아니라 사랑과 정을 주는 마음을 더하는 복지가 되기 위해서는 복지업무를 하는 사람이 먼저 행복해야 합니다. 이 책은 분명 여러분들을 행복하게 만들 책이며, 마음을 더하는 복지가 현실이 되는데 일조할 것이라 믿습니다.

••• 추천사

박원순 서울특별시장

벌써 40여년이라는 세월이 흘렀습니다. 저자와 저는 종로의 삼영 학원에서 청운의 꿈을 품고 함께 대학입학을 위한 재수를 했었습니다. 그리곤 서울대학교에 함께 들어갔는데 또 아쉽게도 함께 제적을 당하는 불운을 겪어야 했습니다. 어느덧 세월이 흐르고 각자의 위치와 자리에서 최선을 다한 결과 이렇게 책을 통해 친구를 만나니 정말 반갑고 또 기쁘기 그지없습니다.

이 책은 30여년이 넘도록 보건복지의 현장에서 보건복지 정책을 기획하고 실행해온 현직 공무원이 실사구시의 정신으로 바라보는 보건복지 정책의 총론과 각론을 담은 책입니다. 근래 대부분의 지방자치단체는 늘어나는 복지수요로 인해 재정의 어려움에 처해 있는 게 현실인데요, 이 책은 중앙과 지방의 복지재정을 다루면서 동시에 균형적인 접근을 시도하고 있습니다.

또한 복지에 대한 종합적인 이해를 돕고 지자체의 모범사례도 다양하게 소개하고 있어 복지정책에 관심 있는 일반인과 학생, 공무원들도 가까이 두고 필요할 때마다 참고하면 큰 도움이 될 것입니다.

김종대 건강보험공단 이사장

　1988년 농어촌지역 주민에게 건강보험 적용을 확대할 때 나는 의료보험국장으로, 저자는 보험제도과 주무관으로 함께 일한 인연이 있다. 세상에 공짜는 없다. 건강보험과 국민연금은 내가 낸 보험료로 운영되고 연금을 받는다. 이 책은 보건과 복지 분야 특히 건강보험을 포함한 사회보험의 요점을 잘 정리하여 국민께 알기 쉽게 설명하고 있다. 어린이집, 예방접종, 건강검진, 건강보험, 국민연금, 노인복지와 같이 국민이 궁금해 하는 생활에 밀접한 정보를 많이 담고 있는 좋은 책이 나와 반갑다. 이러한 업무를 수행하고 있는 공직자나 각종 시설종사자들이 업무를 수행하는 데 많은 참고가 되리라 생각한다.

••• 여는글

우리나라는 2차 세계대전 이후 산업화과 민주화에 성공한 나라로 세계에서 칭송을 받고 있다. 그러나 근래 전 세계적인 경제위기 속에 우리나라도 개인, 기업, 국가가 모두 경제적인 어려움에 처해있으며 주변 강대국의 견제와 남북의 대치 속에 새로운 도약을 해야 할 어려운 시기에 있다.

2012년 4월 국회의원 총선거와 같은 해 12월 대통령선거 과정에서 복지가 정치권을 포함하여 온 국민의 화두로 등장하였다. 우리나라는 과거 눈부신 경제발전에 걸맞게 복지분야도 많은 발전을 하여 어느 정도 제도적인 틀을 갖추었다. 근래에 경기침체와 함께 깊어가는 양극화와 인구 고령화의 늪을 헤쳐 나와 우리나라의 복지가 더 나아질 방법을 고민해야 할 시점이라고 생각한다.

그동안 다양한 복지제도가 도입되었으나 양적인 성장에 치중한 감이 있다. 이제는 새로운 질적 도약이 필요한 시점이다. 우리나라 국민들의 일인당 소득이 2만 달러를 넘었으나 OECD 국가 중 자살률이 가장 높고, 자신이 중산층이 아니라고 생각하는 국민이 절반을 넘었다는 보도도 있었다.

새로운 정부가 들어설 때마다 새로운 국정목표와 과제를 세우고 있으나 우리나라는 정부가 바뀌더라도 변함이 없는 국정목표가 있다고 생각한다. 그것은 국민의 행복과 통일이라고 믿는다. 지금까지 경제성장 위주의 정책추진으로 어느 정도 먹고사는 문제는 해소되었다고 본다. 성장을 지속적으로 추진하되 이제는 경쟁보다 상생을, 일인당 국민소득보다는 행복을 중시해야 한다. 소득이 늘더라도 양극화가 심해지고 자살률이 세계 최고라면 문제가 아닐 수 없다. 국민들의 기본적인 욕구를 만족시키면서 국민들이 마음 편하게 사는 나라, 삶을 즐기며 사는 나라, 이웃과 다른 나라 사람들과 함께 행복을 추구하는 품격 있는 나라, 문화국가가 되어야 한다.

그렇게 되려면 우리나라 모든 분야에서 무엇보다 원칙이 바로 서고 지켜져야 된다고 생각한다. 예를 들어 새로운 복지제도가 도입이 된다면 왜 필요한지, 누구에게 줄 것인지, 받는 자의 의무는 무엇인지, 필요한 돈은 어떻게 마련할 것인지, 전체 나라살림에 어떤 영향이 있는지 등을 따져보아야 한다. 특정 계층이나 분야에 과도한 재정이 투입되는 것은 부분적으로 옳으나 전체적으로 그른 결과가 될 수 있기 때문이다. 나라살림에도 조화와 균형이 필요하다. 복지분야가 나라 전체 재정의 어느 정도까지 차지하는 것이 적정한지와 그 지출한도 내에서 의식주(의료, 생계, 주거)와 교육 분야의 지출은 어느 정도가 적정한지를 미리 정할 필요가 있다고 본다. 분야별 원칙을 세우고 효율적인 지출로 재정의 균형을 이루어야 한다. 나아가 흑자재정을 유지하면서 통일 이후를 대비하여 매년 정부예산의 일정비율을 적립하는 것도 필요하다.

사람은 빵만으로 살 수 없다는 말도 있다. 지금까지 우리는 복지분야에서 물질적인 지원에 치중을 해왔으나 앞으로 정신적인 지원도 신경을 쓸 때이다. 복지수급자가 스스로의 힘으로 떳떳하게 살 수 있도록 도와주어야 한다. 혼자 혹은 가족의 힘으로 살아갈 수 없는 국민은 국가와 사회에서 돕되, 근로능력이 있는 수급자의 자립을 도와 복지수급자를 줄이는 것도 복지목표의 하나가 되어야 한다.

 이 책은 저자가 근무하고 있는 보건복지부에서 하고 있는 일과 일하면서 느낀 생각을 담았다. 2013년 현재 우리나라 복지의 모습을 담은 글로 쓴 사진(snapshot)이라고 할 수 있다. 전반부에 복지원칙, 복지재원 그리고 복지인프라를 다루었고 후반부는 사회보험, 공공부조, 취약계층 복지와 사회 서비스, 그리고 보건산업을 포함한 보건의료정책을 간략히 다루었다. 전반부는 저자의 생각을 상대적으로 많이 담았고, 후반부는 주로 사실 위주로 다루었다. 각 장마다 이야기라는 형식을 빌려 간단히 때로는 좀 길게 평소 내가 느낀 단상과 언론이 다룬 기사를 담았다.

 많은 내용이 보건복지백서와 내부 참고자료에서 나왔다. 그리고 복지 관련 방송, 신문 기사 내용도 많이 참조를 하였다. 보건복지부 선배, 동료, 후배님들에게 깊은 감사를 드린다. 아울러, 좋은 기사와 글을 많이 쓰고 계시는 복지분야 언론사 기자님들과 복지전문가, 교수님들에게 감사를 드리고 싶다.

 저자가 오랫동안 보건복지분야에서 일을 했으나 등잔 밑이 어둡다고 부족한 점이 많다. 이 책의 내용에 미흡한 점이 있다면 전적으로 본인의 책임이다. 21세기 초반에 우리나라에 이러한 책이 있었다고 기억이 되고, 외람되지만 우리나라 복지가 더 나아지는데 조금이라도 도움이 된다면 더 바랄 바 없이 기쁠 따름이다.

2014년 3월
수리산 태을봉 아래 산본에서

제1장

복지 원칙에 대하여

1. 우리나라 복지목표에 대하여

우리는 돈을 많이 벌기보다는 행복하기 위하여 산다. 국민소득 증대가 국가의 목표가 될 수 없다. 그동안 사회경제 발달의 대표적인 측정지표이었던 국민소득 (GDP)이 소득분배, 환경, 여가활동 등 인간 삶의 다양한 측면을 반영하지 못하였다.

이러한 반성에서 경제 협력개발기구(OECD)는 11개 분야의 행복지수(보다 나은 삶 이니시어티브; BLI, better life initiative)를 개발하고 2011년부터 회원국들의 조사결과를 발표해왔다. 측정하는 11개 분야에는 주거, 소득, 직업, 공동체, 교육, 환경, 시민참여, 삶의 만족, 안전, 일과 삶의 균형, 그리고 건강이 포함되어 있으며 10점이 만점이다.

2013년 5월 OECD는 회원국 34개국과 브라질, 러시아 총36개 국가를 대상으로 측정한 행복지수 조사결과를 발표했다. 국가의 경제 발달수준에 관계없이 삶의 만족도, 교육, 건강이 행복의 가장 중요한 결정요인인 것으로 분석되었다. 우리나라는 36개국 종합순위에서 2012년 24위였으나 2013년에는 27위를 차지했다.

2013년 우리나라는 시민참여(3위), 교육(4위), 안전(10위) 분야에서 상위권에 들었으며, 일과 삶의 균형 (33위), 건강(31위), 공동체(34위) 분야는 매우 낮은 순위에 들었다. 행복지수가 높은 순위는 호주, 스웨덴, 캐나다, 노르웨이, 스위스였으며 터키, 멕시코, 칠레는 가장 낮은 국가인 것으로 나타났다.

2013년 BLI 11가지 영역(우리나라 점수/순위)과 24개 지표(순위)

영역	측정지표	영 역	측정지표
1. 주거(5.7/22)	개인당 방수(23) 주거시설(29) 주거비용(2)	6. 교육(7.9/4)	학생들 기술(2) 교육성취(18) 교육기간(18)
2. 소득(2.1/24)	가구 가처분소득 (26) 가구 금융자산(21)	7. 환경(5.3/29)	대기의 질(32) 수질(26)
3. 공동체 (1.6/34)	지원관계망의 질 (34)	8. 삶의 만족도 (4.2/26)	삶의 만족도(26)
4. 일과 삶의 균형 (5.3/33)	장시간 노동자비율 (33) 여가시간(22)	9. 안전(9.1/10)	범죄피해율(6) 살인발생률(29)
5. 일자리 (5.3/25)	고용률(23) 장기실업률(1) 개인소득(18) 직업안정성(35) 직업안정성(35)	10. 시민참여 (7.5/3)	선거투표율(14) 국민의견수렴도(6)
		11. 건강 (4.9/33)	기대수명(16) 주관적 건강(35)

  우리나라의 1인당 국민소득이 2만 달러를 넘어 이제 국민소득 증가보다 국민의 행복지수를 높이는 것이 국가의 목표가 되어야 한다. 소득증가에도 불구하고 높은 자살률을 보이고 있고 소득분배는 악화되어 스스로 중산층이 아니라고 생각하는 국민들이 늘고 있다.

  우리 모두가 의료, 주거, 생계, 교육 및 고용 등에 있어 기본적인 욕구를 충족하면서 살아가는 기쁨을 누리며 사는 것이 행복을 위한 전제가 되어야 한다. 이를 위하여 생계, 주거, 보건의료, 교육, 일자리, 안전, 문화 등에 대한 우리나라 나름의 행복지표를 개발하여 매년 지표의 변화를 발표하면서 국민의 삶의 질을 높여야 한다.

이야기 1

사랑, 평화, 행복, 여유는 숫자로 값을 매기기 어렵다. 소중한 것들은 값이 없다(priceless). 화목한 가정, 참된 사랑, 좋은 인간관계, 진정 보람 있는 일 등도 돈으로 살 수 없는 것들이다. 그럼에도 불구하고 현실에서는 소중한 것들을 얻기 위하여 어느 정도의 경제(돈)와 마음 그리고 시간이 필요하다. 행복은 돈과 물질도 어느 정도 필요하지만 마음속에 풍요와 편안함을 얻을 때 가능한 것이 아닐까? 그렇다면 복지는 꼭 돈으로만 하는 것은 아니라고 볼 수 있지 않을까?

이야기 2

행복이 어디에 있는가 말하는 파랑새 동화가 생각난다. 우리가 찾는 파랑새는 늘 우리 집 안마당 나뭇가지 위에 머물고 있으나 힘들고 고생스러운 여행을 마친 후에야 눈에 들어온다. 행복은 풍요와 등식이 아니다. 대한민국은 이미 풍요 속에 있으나 많은 사람들의 마음은 지옥에 있다는 말도 있다. 사람들이 현재에 만족하기보다 더 나은 미래를 갈망하기 때문이라고 한다.

2. 보편적 복지와 선별적 복지에 대하여

보편적 복지는 전체 국민 또는 특정 인구집단을 대상으로 별도의 선정절차 없이 시행하는 복지를 말하며, 선별적 복지는 그 대상자를 선정할 때 소득과 재산 등에 대한 조사를 하여 일정 기준에 맞는 사람들에게 시행하는 복지를 말한다.

이렇게 볼 때 법령에 따라 개인과 그 사람을 고용한 기업이 내는 보험료를 재원으로 운영하는 건강보험, 국민연금, 고용보험, 산재보험, 노인장기요양보험과 같은 사회 보험은 보편적 복지에 해당한다. 영세에서 6세까지 모든 어린이에게 부모의 부담이 없이 보육시설이나 유치원을 다니게 하거나 아동수당을 지급한다면 이 또한 보편적 복지가 된다.

초등학교와 중학교 의무교육도 보편적 복지의 하나이다. 보편적 복지의 문제는 국민적 합의가 중요하다. 보편적 복지의 선진국인 북유럽 국가들의 경우 국민과 기업이 소득의 절반 가까이를 세금으로 부담하고 있다. 대부분의 나라들이 보편적 복지의 재원을 국민과 기업들이 내는 보험료 혹은 세금으로 마련하고 있다.

최저생계비(2012년; 4인 가족 기준 월149만5천원) 이하의 소득을 얻는 사람들에게 국민이 낸 세금으로 국민기초생활과 의료보장을 지원하는 국민기초생활보장제도와 의료급여제도는 선별적 복지에 해당한다.

2012년 9월 현재 국민기초생활수급자와 차상위계층(월 소득이 최저생계비의 100%이상~120% 이하인 저소득계층)의 0~2세 어린이를 보육시설(어린이집)에 보내지 아니하고 집에서 기르는 경우 국가에서 지급하고 있는 양육수당이 선별적 복지에 해당한다. 이밖에 노인의 70%에게 지급하고 있는 기초노령연금과 장애인 연금도 세금을 재원으로 하고 대상자 선정 시 자산조사를 하여 선별적 복지에 해당한다.

보편적 복지의 확대는 막대한 재정이 필요하다. 그러나 우리나라는 재정적자가 늘어가고 있어 균형재정이 필요한 실정이다. 재정적자에 대한 대책을 마련하고 보편적 복지의 확대를 추진하는 것이 바람직하다. 스스로 생활이 어려워 도움이 필요한 국민들에게 인간적이고 문화적인 생활을 유지할 수 있도록 필요한 복지를 제공하는 것이 우선이다.

가계나 기업이 그러하듯이 국가의 재정도 수입과 지출의 균형이 맞아야 한다. 빚은 한시적으로 있을 수 있으나 오래가면 가정이나, 기업과 나라도 파탄이 난다. 최근 EU국가 중 그리스, 스페인 등 재정위기에 빠진 나라들의 사례가 이를 말해주고 있다.

보편적 복지에 해당하는 사회안전망 중 사회보험의 경우 일시적인 경제적 어려움으로 적용제외가 되어있는 개인과 기업은 점진적으로 제도에 편입하여야 하며, 국민들이 기본적인 삶을 이루어 갈 수 있도록 출산, 보육, 교육 등에 대하여 재정형편을 고려한 보편적 적용이 필요하다고 본다. 그리고 아동, 장애인, 노인 등 취약계층에 대하여는 부양가족이 없거나 있어도 부양능력이 부족하면 나라에서 이들에게 기본적인 생활을 보장하는 선별적 복지가 시행되어야 한다.

보편적 복지가 필요한 분야를 무엇으로 할 것인가 그리고 남은 분야에 대하여 어떻게 선별적 복지를 시행할 것인지에 대한 국민적 공감대 형성이 필요하다. 누구에게 (복지대상) 무엇(복지급여)을 어떻게

(전달체계) 어떤 재원으로 지속가능성을 확보하여 실시하는가에 대한 충분한 방안이 제시되어야 한다.

이야기
3
국가란 무엇인가? 국가는 개인의 재산과 생명을 보호하고 반대급부로 개인은 국가에 세금을 내고 국가의 법에 따른다. 헌법은 '모든 국민은 인간다운 생활을 권리를 가진다.'라고 말하고 있다. 동시에 국민은 국방, 납세, 근로 그리고 교육의 의무를 진다. 정치의 계절, 선거철이 되면 국민들에게 무엇을 해 주겠다는 말은 많지만 그 대가로 세금을 더 내야 한다는 말은 거의 듣기 어렵다.

3. 복지논의구조에 대하여

2013년 1월 27일부터 시행되는 사회보장기본법 전부개정법률은 사회보장위원회 (위원장 국무총리)가 사회보장기본계획, 사회보장제도의 신설과 변경, 재원조달 방안 등에 대하여 심의·조정하도록 하고 있다. 2012년 보육예산을 두고 논란이 일었던 지방자치단체와 국가 사이의 재원분담도 논의사항에 포함되어있다.

위원으로 기획재정부장관과 보건복지부장관 등 관련 장관과 근로자와 사용자를 대표하는 사람, 사회보장전문가 등이 참여한다. 5년마다 수립되는 사회보장기본 계획에는 필요한 재원의 규모와 재원조달방안이 포함된다.

사회보장기본법이 앞으로 우리나라 사회보장의 발전에 중요한 역할을 하겠지만 논의구조가 행정부 내부에 국한되어 실행력 확보에 한계가 있다. 스웨덴의 예를 보면 그 한계가 명확해진다.

스웨덴의 경우 복지를 돈의 문제가 아닌 정치의 문제로 접근하여 노사정 협의체를 구성하여 성공적인 복지제도를 운영하고 있다. 1938년 살트바흐텐협약과 1951년 렌-메이드네르협약을 통하여 국민이 높은 세금부담에 동의를 하였다. 근로자는 세금으로 임금의 29~60%를, 대기업은 피고용세로 근로자 임금의 31%를 부담하고 있다. 오랜 기간 설득과 타협의 산물이다.

아울러 갈등(분쟁)해결제도로 특별위원회(special committee)를 운영하고 있다. 위원회는 정당, 전문가, 시민단체 대표 등으로 구성되면 통상 2년 정도 활동한다. 위원회는 관련 전문가의 참여하에 국가정책보고서(SOU)를 만들고, 그 내용에 대하여 최소 3개월 이상 일반 국민의 의견을 수렴(Remiss)하여 전문성과 대중성을 확보한다. 의견수렴결과는 부록으로 국가정책보고서에 첨부되며 제출된 보고서를 특별 위원회가 결정하면 국민 모두가 받아드리고 있다.

우리나라도 스웨덴의 노사정 협의체와 특별위원회와 같은 복지논의 결정구조를 우리 실정에 맞게 운영하는 방안을 모색할 필요가 있다.

이야기 4

복지(국가역할)의 한계는 무엇인가? 모든 문제는 현재 해결방법이 없다는 것이 문제라는 말도 있다. 시간이 흐르면 풀리는 것을 다 할 수 있다는 오만에 헛되이 스스로 바쁜 것은 아닐까? 어디선가 읽은 세종대왕님의 말씀(내 유일한 소망은 백성들이 원망하는 일과 억울한 일에서 벗어나는 것이요, 백성들이 살아가는 기쁨을 누리고자 하는 것이다.)이 생각난다.

4. 복지는 비용인가 투자인가?

헌법 제34조는 모든 국민은 인간다운 생활을 할 권리를 가지며, 장애·질병·노령 기타의 사유로 생활능력이 없는 국민은 법률이 정하는 바에 의하여 국가의 보호를 받는다고 규정하고 있다.

출산, 양육, 실업, 노령, 장애, 질병, 빈곤 그리고 사망과 같은 사회적 위험으로부터 국민을 보호하고 국민의 삶의 질을 향상시키는 것이 국가의 책무이다. 국민들이 건강하고 안정된 생활을 할 수 있는 여건이 되어야 경제활동을 활발히 참여하여 생산성도 높아진다.

높은 수준의 복지를 자랑하는 북유럽국가들이 최근 세계적인 경기침체에도 불구하고 견실한 성장세를 보이고 있는 것이 그 실례이다. 일부 학자는 유럽의 경제모델을 북유럽모델, 지중해모델, 대륙형모델, 앵글로색슨계모델 네 가지로 나누고 있다.

스웨덴, 핀란드, 덴마크가 북유럽모델에 해당하며 성장과 복지 모두 중시하고 있다. 이태리, 스페인, 그리스, 포르투갈이 지중해모델에 해당하며 성장보다 복지를 중시한다.

독일, 프랑스, 오스트리아, 벨기에, 룩셈부르크 등이 대륙형모델로 성장을 강조하며 제한된 복지를 제공한다. 영국과 아일랜드가 앵글로색슨모델에 해당하며 복지보다 성장에 중점을 두고 있다.

북유럽모델의 성공요인으로 건실한 재정, 복지개혁, 성장동력 투자, 그리고 강력한 사회적 자본을 들고 있다. 스웨덴은 재정준칙을 정하여 국가재정을 GDP의 2%이상 흑자가 되도록 하고 있으며, 덴마크는 재정증가율을 경제성장율 이하로 억제하고 있다. 아울러 북유럽국가들은 사회적 합의의 관행이라는 사회적 자본이 존재하고 있다.

복지는 투자이다. 투자인 만큼 국민적 동의하에 복지를 효율적으로 설계하고 운영하는 것은 우리 모두의 책임이다.

과거에는 경제(성장)와 복지(분배)에 대하여 논란이 많았다. 무엇이 우선인가를 떠나서 경제와 복지는 국가라는 마차를 이끌어가는 두 개의 바퀴라고 생각한다. 개인과 기업이 안심하고 경제활동을 할 수 있는 기반(infra)을 복지가 제공한다. 잘 운영되는 복지는 경제가 제대로 작동할 수 있도록 돕는 자동안정장치(built-in-stabilizer)가 아닐까? 양자는 서로 충돌하는 것이 아니라 보완하는 관계에 있다고 믿는다.

5. 사회문제의 출발점과 종착역, 가정 우선이 필요

우리 사회의 산업화가 진전되면서 이혼의 증가와 경제악화로 단독가구, 독신가구, 한부모가족, 조손가족 등이 증가하고 있다. 2012년 언론에 많은 어린이 성폭행, 학교폭력, 자살, 고독사 사건이 보도되었다. 보도된 사건이 다 가족의 해체나 부재로 발생되었다고 단정하기 이르지만 대부분 이혼, 방임과 빈곤이 주요 원인으로 보인다.

2013년 2월 1일 자 "무너지는 화목의 둥지, 가정이 바로서야 나라가 선다."는 세계일보의 기사는 우리나라 가정의 문제점을 적나라하게 지적하고 있다. 우리가 아닌 나만 찾는 세태로 가정의 기둥이 무너졌다고 한다.

문제가정의 사례를 살펴보면, 신혼부부의 경우 아내에게 해도 별도 따다준다던 남편이 결혼 후 손 하나도 까딱 안하며 집안일을 도와주지 않는 반면, 슈퍼맨을 바라는 아내 때문에 남편들은 집에 들어가기를 무서워한다고 한다.

부모는 고생해 자식들을 키워 났더니 늙어서도 손자도 길러야 하는 고단한 처지에 빠졌고, 그럼에도 며느리는 아이를 잘 못 가르친다고 불만을 제기하여 이제는 자식의 눈치를 보게 되었다고 한다.

비뚤어진 아이들이 많이 생기고 있는데 그들은 부모이혼 후 버림받았다는 마음으로 적개심이 가득하고, 학교를 빠지고 돈 갈취하며 문제아로 자란다는 세태를 지적하고 있다. 네 가구 중 한 가구가 1인 가구로 가족해체가 급속히 진행되고 있으며, 홀로 사는 노인이 전체 노인의 20%로 10년 사이에 2배로 늘었다.

해마다 버려지는 아이들이 8천여 명에 이르고, 청소년의 58%가 개와 고양이 같은 애완동물이 가족이라 생각하며, 할아버지·할머니와 함께 사는 가족은 23%뿐이라 지적하고 있다. 전문가들은 새로운 가족변화에 맞추어 주택청약, 소득공제, 사회보험과 같은 제도가 개선되어야 한다고 주장하고 있다.

2013년이 시작된 1월에도 미혼모에 의하여 버려진 아이와 쓸쓸히 홀로 죽어간 사람들의 이야기가 언론에 계속 보도되고 있었다. 사람은 태어나서 죽을 때까지 부모와 자식의 사랑과 보살핌이 필요하다.

가족이 그 역할을 못하면 사회와 국가가 나서야 하지만 도움을 주고자 하여도 늘 때가 늦거나 충분치 못하다. 그래서 보잘 것 없는 집(가정)이지만 집(가정)만한 곳이 없다는 서양속담도 있다(Be it ever so humble, there is no place like home.).

그러나 청년실업률이 높은 요즈음 안타깝게도 가정의 출발점인 결혼을 포기하는 젊은이들이 많다. 대학 졸업, 석·박사 학위, 해외연수, 인턴경력 등 화려한 스펙이 있어도 취직이 어려워 아예 취직을 포기하고, 취업을 하여도 소득이 낮아 결혼을 포기하며, 설사 취업하고 결혼하여도 아이 기르기 힘들고 육아비용이 너무 많이 들어 출산을 포기한다고 한다. 어느 작가가 쓴 책 "88만원 세대"의 내용이 현실로 나타나고 있다.

국민들이 인간다운 생활을 할 수 있도록 국가가 보장하려면 최소한 아이 기르기, 교육, 취업에 있어 어려움이 없도록 해야 한다. 그러면 결혼도 하고 아이도 낳아 건전한 가정이 늘어나고, 건전가정이 많을수록 아이유기, 고독사, 자살 등 사회문제도 줄어들 것이다. 저출산 고령사회에 대응하는 출발점이 건강한 가정이 되어야 한다.

　　　부산과 서울 등 일부 지자체에서 도시화되면서 잃어버린 이웃의 정과 돌봄을 되찾자는 지역사회 복원(마을공동체)운동이 진행 중이다. 노인들이 이용하는 아파트단지의 경로당과 별도로 고층아파트의 1층 혹은 중간층을 사랑방과 같은 주민공동 활용공간으로 확보하면 어떨까 하는 생각을 해본다.

　낮 시간은 공동보육의 장으로, 밤 시간이나 주말은 주민들의 모임이나 행사에 활용하면 어떨까? 일부 공간을 책을 읽거나 빌려주는 미니도서관으로 사용할 수도 있다. 아파트 사랑방을 최초 설치할 때와 유지할 때 주민이 비용을 부담하되 행정기관에서 일부 지원하는 것도 고려할 수 있다.

　　　급격한 사회변화에 따라 가족의 형태가 다양화되고 있다. 독신가구, 한부모가족, 핵가족, 부부가족, 확대가족, 비혈연 동거가구 등 다양성을 존중하되, 다양한 가족과 가구가 자립과 건강성을 유지하도록 돕는 것이 핵심이 되어야 할 것으로 보인다.

　모든 가정 혹은 가족이 사랑이 충만한 것은 아니다. 노인과 아동에 대한 폭력, 방임 그리고 학대가 이루어지는 곳도 가정(가족)이다. 세상에 공짜는 없다. 행복한 가정도 가족 서로 간의 인내와 노력이 필요하다.

6. 복지수급자의 책임성과 자기부담의 원칙

사회보험은 고용주와 근로자가 보험료를 부담하여 그 재원을 마련하고, 공공부조는 세금으로 그 재원을 충당하며, 노인·아동·장애인 등 사회취약계층을 위한 사회 서비스는 세금과 일부 본인부담금(기초생활보장수급자는 무료)으로 운영되고 있다.

몇 년 전에 여러 번 발생한 복지담당자들의 복지비용 횡령사건과 고액자산가의 기초생활보장 수급사건이 보도되면서 사회복지통합관리망이 2010년 1월에 도입되었다.

그동안 여러 종류의 복지사업이 별도로 운영되었으나 이제는 신청, 심사와 결정, 급여 및 변동관리가 개인과 가구별로 관리망에서 통합적으로 운영되고 있다. 담당공무원의 횡령과 수급자의 복지급여 중 복수급을 원천적으로 차단하는 효과가 있으며, 국민이 제출하는 서류의 간소화와 처리기간의 단축도 실현되었다.

정부에서는 보건복지부 복지사업 위주로 운영되는 사회복지통합관리망을 290여개 전 부처 복지사업으로 확대하여 범정부 사회보장정보시스템을 2013년 2월 개통 하였다.

2013년 정부의 예산은 342조원이며 그 중 보건·복지·노동 분야에 쓰이는 예산이 97조 4,000억원에 이른다. 2013년 2월에 출범하는 새 정부의 공약을 추진하기 위하여 여당인 새누리당에 의하면 5년 동안 134조 5,000억 원의 재원이 더 필요하다. 새누리당은 세출구조조정, 예산절감, 세제개편, 복지행정개혁 등으로 통하여 마련한다고 하나 새로운 세금이 신설되거나 기존 세금이 늘어날 가능성을 배제할 수 없다.

지방자치단체들은 늘어나는 복지비용의 지방비부담에 비명을 지르며 국고지원 확대를 외치고 있다. 정부가 앞으로 사회보장위원회나 사회보장정보 시스템을 통하여 복지확대에 대한 통제기능을 수행하겠지만, 국민·언론·국회·민간단체로부터의 복지지출에 대한 감시가 강화될 것으로 보인다.

이에 따라 늘어나는 복지사업과 복지비용에 대하여 어떤 방법으로 지속가능성을 확보 하느냐가 핵심이 될 것으로 보이며, 동시에 부정과 중복 급여방지와 비용의 일부본인부담 같은 복지수급자의 책임성이 강화되어야 할 것으로 보인다.

이야기 8

　　우리나라 사회안전망은 사회보험, 사회서비스 그리고 공공부조 3개 분야로 구성되어 있으며 법률적 체계는 위 그림과 같다.

이야기 9

　　종종 생활이 어려운 기초생활수급자나 노숙자가 불우이웃돕기 성금 혹은 대학교에 장학금을 냈다는 언론보도에 접한다. 복지부정수급자도 있지만 어려움 속에서도 떳떳한 일을 하여 우리 가슴을 따뜻하게 해 주시는 복지수급자들도 계신다.

7. 복지소외계층(사각지대)에 대하여

복지소외계층은 도움이 필요하나 주민의 눈에 띄지 아니하거나 행정력이 미치지 못하거나 복지프로그램의 기준에 미치지 않거나 자원의 한정 등으로 복지서비스를 받지 못하는 계층으로 흔히 말하는 복지사각지대에 놓인 사람들이라고 할 수 있다.

우선 제도상 적용대상이나 일정 요건이 충족되지 아니하여 적용을 받지 못하는 경우로, 사회보험료를 내지 못하거나 체납한 경우와 소득이 최저생계비 이하로 국민 기초생활보장 대상이나 재산 혹은 부양의무자 기준이 초과되어 기초생활보장을 받지 못하는 경우가 있다.

국민연금제도의 경우 2012년 12월 현재 가입자 총 20,159천명 중 보험료를 납부하지 못하는 자가 4,634천명(20.7%)이며, 1년 이상 보험료 장기체납자가 1,303명 (5.8%)로 전체 가입자의 1/4이상이 노후소득보장의 사각지대에 놓여있다.

국민 건강보험의 경우 6개월 이상 보험료를 체납하여 보험급여가 제한되고 있는 자도 지역가입자의 1/4에 이르고 있다. 고용보험과 산업재해보상보험의 경우도 그 적용에서 제외되어 있는 근로자가 50~60%에 이르고 있다.

이에 따라 2012년부터 정부에서는 10인 미만 소규모 사업장에서 일하는 저소득 근로자의 사회보험 가입을 돕기 위해 사회보험료 지원을 시작하여 2013년에는 월평균보수 110만원 미만인 근로자에게 국민연금과 고용보험료의 절반을, 110만원 이상 130만원 미만인 근로자에게 보험료의 1/3을 국가에서 지원하고 있다.

국민기초생활보장제도의 경우 2009년10월 기획재정부 자료에 따르면 200만 가구 410만명이 복지사각지대에 있는 것으로 나타났다. 재산과 소득 모두 기초생활보장 수급자격 기준에 부합하나 부양의무자의 기준이 초과되어 기초수급자가 되지 못한 자가 61만 가구 103만명이며, 소득은 기준 이하이나 재산기준이 초과된 자가 110만 가구 240만명, 그리고 소득인정액이 최저생계비(2009년 4인 가구 기준 1,327천원)의 120% 이하인 차상위계층은 29만 가구 67만명이었다.

　아울러, 기초생활보장대상자로 책정되었으나 정부에서 지급하는 생계급여(2010년 1인 가구 422천원)가 월평균 가계지출수준(1,102천원)의 40%수준에 못 미치고 있어 사실상 추가적인 도움이 필요한 수급자들이 많이 있다. 기초수급자가 치솟는 난방비를 아끼려다 동사했다는 안타까운 보도들이 계속되고 있다.

　우리나라 노인들의 빈곤율이 높아 정부에서 노후소득보장의 일환으로 2008년 도입한 기초노령연금은 2012년 현재 단독가구에게 94,600원을 부부가구에게 151,400원을 지급하고 있으나 노인빈곤을 해소하기에는 충분치 않은 상황이다.

　복지소외계층을 이야기할 때 더 심각한 상황에 있는 사람들은 심각한 위기에 처해 있으나 이웃주민이나 행정력이 미치지 아니하여 우리가 도움을 줄 수 없는 사람들이다.

　이들은 먹을 것이 없거나 추운 겨울에 전기나 가스가 끊겨 먹고 자는 문제의 한계상황에 몰려있다. 시군구청 혹은 주민센터의 복지담당 공무원, 가족, 이웃, 민간단체들과 연락이 닿지 아니하여 도움을 주지 못하는 경우이다.

이러한 소외계층을 찾아내어 도움을 주려고 자방자치단체에서 여러 가지 사업을 추진하고 있다. 서울시에서는 희망온돌사업, 경기도는 무한돌봄사업, 대전광역시는 복지만두레를, 금천구청에서는 통통희망나래단 운영을, 동대문구청에서는 취약 계층과 공무원과 1:1 결연 후 전화·방문사업을 하고 있다.

가난해서 아파서 외로워 늘고 있는 농·산·어촌 노인들의 자살을 막기 위하여 충청남도는 이장·통장, 노인회, 부녀회 등에서 3,403명을 생명사랑 지킴이로 지정하여 운영하고 있다.

소외계층의 발굴·지원은 인력과 재정의 한계를 가지고 있는 국가, 시·도 그리고 시·군·구청의 노력만으로 충분치 않아 민간단체와 지역사회의 적극적인 활약이 필요한 분야이다.

제2장

복지재원에 대하여

8. 정부재정준칙을 정하자: 균형재정을 원칙으로

2013년 정부예산은 총수입이 372조 6,000억원이며 총지출은 342조원이다. 국가채무는 464조 6천억원으로 GDP의 34.3%를 차지한다. 지난해보다 지출은 16.6%가 늘었고 수입은 29%가 늘었다. 수치상으로 30조 6천억원의 흑자예산을 편성했으나 국가채무는 작년보다 2천억원이 감소하는 것에 그쳤다.

총수입 372조 6천억원은 국세수입이 216조 8천억원, 세외수입이 37조 4천억원, 기금수입이 119조 3천억원으로 이루어졌다. 국세수입 중 비중이 큰 내국세를 살펴보면 부가가치세 수입이 59조원, 소득세 수입이 51조원, 법인세 수입이 48조원을 차지한다. 총지출 342조원은 보건·복지·노동 분야에 97조원, 일반공공행정에 56조원, 교육에 49조원, 국방에 34조원, SOC에 24조원, R&D에 17조원 등으로 편성되었다.

2013년 2월 기획재정부의 발표에 따르면 2012년 경제성장률이 전망시 4.5%이었으나 실제 2%성장에 그쳐 세금이 당초 목표보다 2조 8천억원이 덜 걷혔다. 2012년의 세계잉여금이 사상 처음으로 1,484억원 적자를 기록했다고 한다. 같은 해 총세입에서 총세출을 빼고 7조 6,093억원이 남았으나 이월금 7조 7,577억원을 제외한 결과라고 한다. 2013년 2월에 출범하는 박근혜정부가 빚을 안고 출범하는 셈이라는 우려가 제기되고 있다.

정부예산은 재정건전성 확보를 위하여 국가채무를 줄이는 것이 중요하며, 예산에 포함되어있지 않지만 넓은 의미의 국가채무에 포함되는 정부보증채무, 4대연금의 잠재부채(책임준비금 부족분), 공기업부채 등의 감소도 소홀히 할 수 없다.

근래 복지예산의 확대와 2012년 12월 대통령선거 후에 복지재원 조달을 어떻게 할 것이냐가 큰 이슈로 대두하였다. 국내외 국제정세, 경제상황과 국정목표에 따라 분야별 정부 예산이 증감하겠지만 재정의 지속가능성을 확보하려면 정부재정준칙을 정하여 운영할 필요가 있다.

　정부재정준칙의 내용으로 정부예산 편성은 균형재정을 원칙으로 하며, 매년 예산은 GDP 성장률 혹은 세입증가에 맞추어 증액 또는 감액하고, 재정적자 해소를 위해 세출예산의 일정비율을 배정하는 것을 포함해야 한다.

　국가채무가 늘어나면 재정의 어려움은 물론 후손 세대에게 커다란 짐을 주는 것이 되나, 반면에 균형재정을 유지하면 IMF와 같은 경제위기시 빠르게 위기를 벗어날 수 있으며 통일대비에도 도움이 된다.

　　박근혜정부의 국정과제 중 안정적 세입기반의 확충이 있다. 중산·서민층 지원과 성장 잠재력 확충을 위한 재정 지출을 안정적으로 뒷받침하고 공약이행 소요재원을 마련하기 위하여 비과세·감면제도 정비, 금융소득 종합과세 기준금액 인하(4천 만원→2천만원) 등을 포함한 금융과세 정상화와 조세개혁추진위원회를 통한 합리적 세부담수준 결정을 추진한다.

　　일부 전문가들은 현재 국내총생산(GDP)의 20% 규모로 추정되는 지하경제를 선진국 수준인 15% 수준으로 낮추면 향후 5년간 28조 5천억원의 추가세원 확보가 가능한 것으로 보고 있다.

　　그 방법의 하나로 김앤장과 삼일과 같은 대형 법무법인과 회계법인, 종교단체, 복지법인, 공제조합과 상조회와 외국계 은행도 외부감사를 받게 하자는 주장이 있다.

　　현행법상 자산총액 100억원 이상의 주식회사만 의무적으로 외부감사를 받고 있다. 또한 자금세탁을 막기 위해 금융정보분석원과 국세청의 정보공유를 강화하고, 금융실명제법을 개정해 불법 차명계좌를 금지하자는 주장도 있다.

9. 복지분야 지출 한도를 정하자

2009년 현재 우리나라는 GDP 대비 9.4%를 사회복지에 지출하고 있으나 OECD 회원국들은 평균적으로 22.1%를 지출하고 있어 30개 국가 중 29위를 차지하고 있다. 회원국 중 프랑스는 32.1%, 덴마크는 30.2%, 독일은 27.8%, 일본 22.4%로 복지지출 비중이 높았고, 멕시코는 8.2%를 지출하여 우리나라와 두 나라가 10%에 못 미치는 것으로 나타났다.

선진국의 예를 보면 우리나라의 복지지출이 낮은 편에 속하여 앞으로 그 지출을 높여 국민의 삶의 질을 높여야 한다. 그런데 복지지출의 증가속도를 보면 2000년부터 2009년도 10년 동안 OECD 국가들이 연평균 7.2%이나 우리나라는 연평균 14.7%로 두 배 이상 높아 복지재정의 지속가능성을 고려하지 않을 수 없다.

우리나라 복지지출이 OECD 국가들에 비하여 낮은 이유의 하나로 낮은 국민 부담률을 들고 있다. 국민부담률은 세금과 사회보장기여금이 GDP에서 차지하는 비중을 뜻하는데 2011년 우리나라의 국민부담률은 25.9%로 OECD 평균인 34%보다 8.1%가 낮으며 29개 회원국 중 하위 5위를 차지하고 있다. 덴마크, 스웨덴 등 북구유럽의 복지국가들은 40%를 넘고 있다. 늘어나는 복지재원 마련을 위하여 증세를 주장하는 배경이 되고 있다.

2013년 3월 한국보건사회연구원의 발표에 따르면 2010년 정부, 공기업, 기업, 민간복지단체 등이 지출한 복지비용(총사회복지지출)은 137조 6,600억원에 이른다. 공적연금, 고용 및 산재보험, 건강보험(노인요양보험포함), 교통과 통신요금 감면, 공공사회복지서비스 분야를 포괄하는 공공부분에 107조 7,210억원이 지출되었다. 법정퇴직금,

퇴직연금 등 민간기업의 법적 지출과 기업복리비, 사회적 공헌비 등 자발적 지출을 포함한 민간부분에서 29조9,390억원이 지출되었다.

우리나라는 미국·일본·중국·러시아 4대 열강에 둘러싸여 있으며 남북이 대치하고 있는 지정학적인 특징과 최근 복지비용을 급증을 감안하여 재정의 지속 가능성을 확보하면서 복지와 국가안보가 균형점을 찾을 수 있도록 정부의 복지지출에 한도를 설정할 필요가 있다.

복지지출은 한번 시작되면 국민들의 불만과 저항이 크게 발생하여 그의 축소나 폐지가 어렵다. 집권자들은 정권의 연장을 위하여 재정의 건전성과 지속가능성을 소홀히 하고 복지지출을 계속하거나 증대시키는 유혹에 빠진다. 따라서 북구국가의 예와 같이 노사정위원회와 같은 사회적 합의구조를 만들어 국민적 공감대 형성과 합의를 통하여 복지의 대원칙을 정하는 것이 중요하다.

이야기 11

많은 경제 전문가와 기관들이 세계와 우리나라 경제의 전망을 어둡게 보고 있다. 수출의존도가 높고 남북이 대치하는 상황을 고려하면 복지지출을 보수적으로 접근할 필요가 있다고 본다. 예를 들어 복지지출의 한도를 GDP의 10~15% 이내에서 탄력적으로 운영하고, 통일 이후에는 20% 이내로 확대하는 것이 어떨까 생각해본다.

10. 통일을 대비하자: 세출예산의 일정비율을 매년 적립

우리나라는 1945년 2차 세계대전이 끝난 후 남북으로 분단된 이후 2013년 현재 68년이 지났으나 아직도 분단 상태로 남아있다. 통일과정이 쉽지는 않겠지만 통일 이후에 북한지역의 인프라개선을 위한 사회간접자본(SOC)투자와 북한주민의 복지를 위한 지출이 불가피하다.

2010년 기준으로 남북한의 분야별 주요 지표를 살펴보면 현격한 차이가 있어 통일 이후 남북 간 격차 해소에 상당한 시간과 재원이 들어갈 것으로 보인다. 인구는 남한이 4,941만명인데 북한은 2,419만명이며, 명목 국내총생산(GNI)은 1조 146억 달러 대 260억 달러로 39배의 차이가 있으며, 1인당 GNI는 20,759달러 대 1,073달러로 거의 20배 격차가 있다. 기대수명의 경우 남한이 남 77.2살/ 여 84.1살인 반면 북한은 남 64.9살/ 여 71.7살이다.

통일관련 연구자와 연구기관들의 추정에 따르면, 통일 후 30년에 걸쳐 북한주민의 1인당 소득이 남한 수준에 크게 떨어지지 않게 만드는데 필요한 통일비용으로 평화적 통일의 경우 2조 1,400억 달러(연평균 720억 달러)로, 무력이 개입되는 경우 3~5조 달러로 보고 있다. 통일비용의 재원으로 조세, 채권발행, 화폐발행, 예산절감, 해외자금유치, 기금 등을 들고 있다.

독일의 경우를 살펴보면 1991년부터 2005년까지 15년간 동서독 통일비용으로 총 1조4,000억 유로(1995년 환율로 2조 7,020억 마르크 / 한화 약1,750조원)가 사용되었으며 연평균 933억 유로가 쓰였다.

독일 연방 건설교통부가 발표한 1991년부터 2003년까지의 통일비용 지출(총 1조 2,810억 유로)에 의하면 사회보장성 지출이 49.2%(630억 유로)이며 인프라재건과 경제 활성화를 위한 지출은 19.5% (250억 유로)이다.

이는 통일 전 서독정부가 추산한 금액을 훨씬 초과한 금액으로 우리에게 시사하는 바가 크다. 사회보장성 지출은 서독정부가 간과한 사항으로 우리나라가 북한 주민에게 남한주민과 동일한 수준의 사회보장을 통일 직후부터 실시하는 경우 독일과 같은 전철을 밟을 우려가 크다.

2013년 정부예산 중 남북협력기금으로 1조 8,251억원이 편성되었다. 남북협력 기금은 남북 간 경제·문화교류를 위한 기금으로 통일과정에서 그 환경조성에 필요한 예산이다.

이와 별도로 통일 이후 북한주민의 기본생활보장을 위한 위기관리비용, 화폐·법·행정·사회보장제도 등 통합에 필요한 제도통합비용, 그리고 철도·도로·전기·통신망 일원화와 산업구조조정에 필요한 경제적 투자비용 등을 고려하면 막대한 통일비용이 필요하다.

따라서 막대한 통일비용을 마련하려면 미리 준비를 해야 한다. 예를 들어 통일세를 신설하거나 세출예산의 일정비율을 통일기금으로 적립하는 방안을 고려할 수 있다.

통일비용을 이야기할 때 그 효과(기회)도 함께 고려해야 한다고 생각한다. 통일이 새로운 시장과 경제발전의 기회가 되도록 하는 것이 중요하다. 장기적으로 중국의 동북3성과 러시아 연해주를 아우르는 인구 3억의 새로운 내수시장이 가능하다는 주장도 있다.

제3장

복지인프라에 대하여

복지가 국민에게 제대로 전달되고 그 재원이 필요한 곳에 낭비 없이 쓰여 세금을 내는 국민이나 복지혜택을 받는 국민이 함께 불만이 없도록 하는 것이 중요하다. 이 장에서는 모든 국민이 쉽게 이용할 수 있고 필요한 급여를 제때에 제공받는데 중요한 역할을 하는 복지행정의 인프라인 전달체계, 재정, 정보시스템 등에 대하여 살펴보기로 한다. 복지재정 중 중앙정부 차원의 복지재정에 대하여는 제2장에서 다루었으므로 이장에서는 지방복지재정을 살펴본다. 전달체계 중 사회복지시설과 나눔에 대하여도 살펴보고자 한다.

11. 복지전달체계에 대하여

　2013년 1월 현재 정부에서 운영 중인 사회보장정보시스템에 등록된 16개 부처의 복지사업은 296개에 이른다. 보건복지부가 국민기초생활보장, 장애인연금, 기초노령연금 등 130개로 가장 많은 사업을 수행하고 있다.

　국가보훈처는 국가유공자에 대한 의료급여와 생활조정수당 등 38개 사업을 추진하고 있으며, 여성가족부는 아이돌봄서비스, 한부모가족지원 등 23개 사업을 수행하고 있다. 고용노동부는 취업성공 패키지, 근로자생활안정자금대부 등 21개 사업을 추진 중이며, 교육과학기술부는 저소득층학비지원, 유아학비지원 등 20개가 사업이 있다.

　국토해양부는 국민임대주택, 저소득가구 전세자금대여 등 11개 사업을 추진하고 있고, 지식경제부는 저소득층 열요금 감면, 전기요금 할인 등 9개 사업이 있다. 농림수산식품부는 농어촌주택개량자금지원, 취약농가인력지원 등 6개 사업이 있으며, 행정안전부는 정보통신 보조기기보급, 취약계층 일자리지원 등 15개 사업이 있다.

　방송통신위원회는 TV수신료면제, 방송 소외계층 방송접근권보장 등 6개을 수행 중이며, 산림청은 공공산림가꾸기, 산림서비스도우미 등 3개 사업을 추진한다. 중소기업청은 장애인 자영업자 창업융자와 장애인창업인큐베이터구축 2개 사업이 있고, 금융위원회는 농어가 목돈마련 저축장려금, 금리우대 보금자리론 등 5개 사업이 있으며, 국세청은 근로장려금 지급사업(EITC) 1개를 하고 있다.

　환경부는 저소득층 수도요금감면, 기초수급가구 옥내급수관 개량

지원 2개 사업을 하고 있으며, 문화체육관광부는 문화바우처, 여행 바우처 등 4개 사업을 추진 중이다. 이상 296개 사업에 대한 내용은 인터넷 사이트 복지로 (www.bokjoro.go.kr)에 들어가면 복지 알림 이 메뉴를 통하여 정부지원내용, 지원대상자 선정자격, 신청절차를 확인할 수 있다.

296개 복지사업의 서비스가 어떻게 국민들에게 제공되는가(전달체 계)를 살펴보면 70%인 206개 사업이 지방자치단체인 시·군·구청과 읍·면·동 주민센터를 통하여 수행되고 있다. 교육청과 고용센터와 같은 특별행정기관을 통하여 35개 사업(12%)이 수행되며, 공사와 공 단을 통하여 수행되는 사업은 55개(18%)에 이른다.

분야별로 살펴보면 사회보험 중 국민연금과 산재보험은 국민연금공 단과 근로복지 공단 지사를 통하여 서비스가 전달되며, 건강보험은 병원·의원·약국 그리고 공단지부를 통하여, 고용보험은 고용센터를 통하여 서비스가 전달되고 있다. 공공부조인 기초생활보장급여와 기 초노령연금은 주민센터를 통하여, 그리고 근로 장려금지급은 세무서 를 통하여 지급되고 있다.

한편, 보육과 노인·장애인·아동 등 취약계층에 대한 돌봄서비스나 주거·교육·고용·금융지원은 읍·면·동 주민센터, 비영리민간 복지시 설과 기관, 학교, LH공사, 고용센터, 미소금융재단 등을 통하여 이 루어지고 있다.

복지전달체계 현황

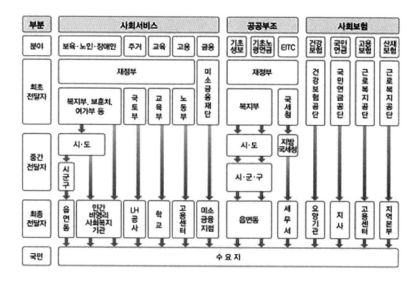

복지전달체계 중 지방자치단체인 시·군·구청의 조직과 인력을 살펴보면 전국 230개 시군구의 주민생활지원국 내 주민생활지원과가 주요 역할을 하고 있다. 시군구의 규모에 따라 조직의 명칭과 규모가 다르지만 대체로 주민생활지원국은 주민생활지원과, 사회복지과, 가정복지과로 구성되어 있다.

주민생활지원과는 복지 신청자에 대한 조사·관리, 복지대상자 사례관리, 자원봉사 등 민간자원관리를 담당하고 있다. 사회복지과는 기초생활보장, 의료급여, 주거 복지와 자활·고용 등 업무를 맡고 있으며, 가정복지과는 노인복지, 장애인복지, 아동·여성 등 업무를 담당하고 있다. 읍면동 주민센터는 주민들로부터 각종 복지급여의 신청을 받고 상담을 실시하고 급여와 서비스를 제공하며 사후관리도 맡고 있다.

2012년 6월 현재 시도, 시군구와 읍면동에서 사회복지를 담당하고 있는 공무원은 약 2만 5천명이며, 그중 사회복지직은 1만 3천여 명으로 51%를 차지하고 행정직은 1만 2천여 명으로 49%를 차지하고 있다. 정부에서는 일선 복지공무원의 업무과중(소위 깔때기 현상)을 해소하기 위하여 2012년부터 2014년까지 3년 동안 복지공무원 7천 명의 증원을 추진하고 있다.

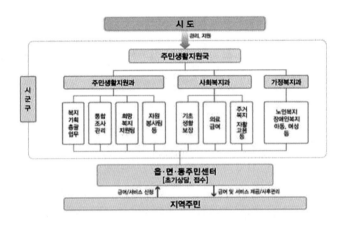

사회복지담당 공무원 현황

(단위: 명)

구 분	'06.6	'07	'08	'09	'10	'11	'12.12
사회복지직	9,805 (66%)	10,113 (44%)	9,945 (48%)	10,334 (47.8%)	10,496 (46.9%)	10,656 (45.8%)	12,907 (50.8%)
일반행정직	6,086 (34%)	12,635 (56%)	10,638 (52%)	11,274 (52.2%)	11,842 (53.1%)	12,589 (54.2%)	12,493 (49.2%)
사회복지 담당공무원	14,891	22,748	20,583	21,608	22,338	23,245	25,400

늘어나는 복지업무에 증원된 복지공무원을 배치하기 위하여 자방자치단체들은 총액인건비제도의 개선을 요구하고 있다. 현재 행정안전부에서 내려받은 총액인건비 한도 내에서 한 분야의 인력을 늘리면 타 분야의 인력을 줄여야 하기 때문에 복지 공무원의 경우 예외로 하거나 기준을 완화해 줄 것으로 주장하고 있다. 한편, 지방자치단체가 인식을 바꾸어 조직과 인력을 복지분야에 재배치하여 현장방문을 늘리고 노인·장애인 전담직원을 두는 예가 있다.

서울시 성동구청의 경우 2012년 9월부터 전체 공무원 중 복지담당공무원의 비중을 27.6%에서 46.8%로 늘려 구청공무원을 주민센터로 파견하고 주민센터의 행정직 공무원을 복지담당으로 전환 배치하였다. 17개 동 주민센터에 2~4명이었던 복지 담당공무원이 4~7명으로 늘어 가가호호 방문상담도 하고 있다. 한편, 서울의 노원구청에서 2010년 시작된 '동 복지센터 Hub화'는 2012년 서대문구 도입에 이어 2013년 하반기에는 서울시청에서 전체 자치구청으로 확대를 추진하고 있다.

이야기 13

안타깝게도 2013년 초에 교육비지원, 임대주택과 양육수당 등 신청업무가 읍면동 주민센터에 폭증하면서 업무 스트레스로 자살한 복지공무원이 3월까지 세 명이 있었다.

2012년 6월 전국 읍면동 주민센터 3,474개소 중 사회복지직 공무원이 1명인 곳은 1,448곳(41.7%), 2명인 곳은 1,390곳(40.0%), 3명 이상인 곳은 636곳(18.3%)으로 일선복지공무원이 1인당 복지대상자를 398명을 담당하고 있어 과중한 업무에 시달리고 있다. 역설적으로 국민의 복지를 담당하는 복지공무원이 복지의 사각지대에 있다는 보도도 나왔다.

　　　　　시군구청과 읍면동 주민센터 복지공무원은 200여 개 중앙부처사업 이외에 저소득층 보험료지원, 출산장려금 지급 등 지자체의 많은 자체 복지사업을 동시에 수행하고 있다.

　　사회보장기본법이 2013년 1월 전면 개정되어 시행됨에 따라 국무총리를 위원장으로 하는 사회보장위원회가 복지행정의 깔때기현상을 줄이고 각종 복지사업의 중복·누락 방지를 위한 조정업무를 얼마나 실질적으로 수행하느냐가 복지행정의 효율화에 중요한 역할을 할 것으로 보인다.

12. 지방복지재정에 대하여

행정안전부에서 작성한 '2012년도 지방자치단체 예산개요'에 따르면 같은 해 지방자치단체 총예산은 151조 1천억원이며 그 중 30조 9천억원이 사회복지예산으로 20.5%를 차지하고 있다. 2005년의 경우 총예산 107조원 중 사회복지예산은 12조 9천억원으로 12.1%이었다. 2005년부터 2012년까지 지방자치단체의 사회복지 예산 증가율은 연평균 13.3%로 총예산 증가율 4.9%의 세 배에 가깝다. 반면에 지방재정 자립도는 1997년 63%에서 2012년 52.3%로 낮아졌다.

중앙정부 및 지방자치단체 복지재정 현황

(조원)

구 분	'05	'06	'07	'08	'09	'10	'11	'12	'13	연평균 증가율
정부총지출	209.6	224.1	237.1	262.8	301.8	292.8	309.1	325.4	342.0	6.3%
복지재정	50.8	56.0	61.4	68.8	80.4	81.2	86.4	92.6	97.4	8.5%
지자체 순계예산	107.0	115.4	128.0	144.4	156.7	149.7	156.2	151.1	156.9	4.9%
지자체 사회복지	12.9	15.3	18.8	23.7	29.2	28.8	30.4	30.9	35.0	13.3%

* (출처: 안전행정부) '05~'12년 까지는 최종예산, '13년은 당초예산

국세와 지방세 비중 현황

(단위 : 조원,%)

구분	2005	2006	2007	2008	2009	2010	2011	2012	2013
조세	163.4	179.3	205	212.8	209.7	226.9	244.7	259.6	270.2
국세	127.5	138	161.5	167.3	164.5	177.7	192.4	205.8	216.4
(국세 비중,%)	78	77	78.8	78.6	78.5	78.3	78.6	79.3	80.1
지방세	36	41.3	43.5	45.5	45.2	49.2	52.3	53.8	53.7
(지방세 비중,%)	22	23	21.2	21.4	21.5	21.7	21.4	20.7	19.9

* 출처: '05~'10, 국세청,관세청「징수보고서」,행정안전부「지방세정연감」
'11~'13, 안행부 2013년도 지방자치단체 예산개요 ('11년 결산액, '12년 최종
예산액, '13년 당초예산액 순계 기준)

2012년 지방자치단체 복지예산의 세입 30조 9천억원은 국고보조
금 15조 5천억원, 보통교부세 7조 5천억원, 분권교부세 1조 2천억원
등과 지자체 세입으로 구성되어있다. 2010년 국세와 지방세의 세입
비율은 78.3% 대 21.7%이다.

정부지출에서 중앙정부 예산 중 지방자치단체에 내려주는 교부금
과 국고보조금 등을 제외하고, 지방정부의 예산에 중앙정부 예산에
서 내려온 금액을 더하면 중앙 정부와 지방정부의 사용액 비중은 약
4:6의 구조로 되어있다. 이러한 세입 세출의 차이를 중앙정부는 세
입의 약 40%를 지방자치단체에 재정이전을 하여 줄이고 있다. 즉 중
앙정부는 목적세 세입을 제외한 내국세 세입의 39.51%(지방교부세
19.24%와 지방교육재정교부금 20.27%)를 지방교부금으로 지방자치
단체에 배분하고 있다.

지방교부세는 분권교부세를 제외한 교부세 총액의 96%를 차지하는 보통교부세 (내국세 총액의 17.6%)와 분권교부세를 제외한 교부세 총액의 4%를 차지하는 특별교부세(내국세 총액의 0.7%) 그리고 내국세 총액의 0.94%를 차지하는 분권 교부세로 구성되어있다. 배분 방법은 보통교부세는 지방자치단체별 기준재정수입액과 기준재정수요액을 산정한 후 재정 부족액을 기준으로 포괄 배분하며, 특별 교부세는 지역현안, 재해대책, 시책수요 사업에 대하여 사업의 타당성 등을 종합 심사하여 사업별·시책별 교부한다.

　분권교부세는 52개 지방이양사업의 경상적 수요(46개 사업, 산정 공식 활용), 비경상적 수요(6개 사업, 관계부처 수요조사 활용)의 합계액에 따라 교부를 하고 있다. 2012년 행정안전부가 지방자치단체에 교부한 지방 교부세는 총 33조 650억원 이며, 그 중 보통교부세는 30조 1910억원, 특별교부세는 1조 2,580억원, 분권교부세는 1조 6,150억원이다.

　지방자치단체 복지예산의 세출 30조 9천억원은 155개 국고보조사업에 22조 9천억원, 52개 지방이양사업에 3조 3천억원, 그리고 자체수행 복지사업비로 구성되어 있다. 국고보조사업 22조 9천억원은 보건복지부에서 내려온 국고보조비 15조 5천억원 (67.7%)과 대응(matching)지방비 7조 4천억원(32.3%)이다. 2006년의 경우 국고보조사업에서 국고 비율은 74.1%이었고 대응지방비율이 25.9%이었으나 매년 국고 비중이 줄면서 지방비 비중은 늘고 있다.

　한편 지방이양사업에서도 국고비중 (분권교부세)이 줄고(2004년 47.2% ⇨ 2012년 31.9%) 지방비 비중이 늘고 있어 (2004년 52.8% ⇨ 2012년 68.1%), 지방 자치단체들은 중앙정부의 국고보조금과 재정교부금을 늘려주고 노인·장애인·정신요양시설 운영지원과 같은 지방이양 사업의 일부를 국고사업으로 환원해 줄 것을 요구하였다. 특히 2013년부터 박근혜정부가 0~5세 보육료 전액을 국가에서 지원하기로 함에 따라 영유아보육 사업의 국고보조비율(서울시 20%, 타지역 50%)을 각각 20% 정도씩 인상하여 줄 것도 요구하였다. 이에 따라 2014년 1월부터 국고보조비율이 서울시는 35%로, 타 자치단체는 65%로 인상되었다.

앞으로 2014년 말 분권교부세 운영기한이 만료됨에 따라 복지분야에서 중앙 정부와 지방자치단체 사이의 역할분담에 대한 원칙을 정하고 그에 따라 재정분담을 하는 방향으로 개편이 될 것으로 보인다. 예를 들면 인간다운 삶의 최저수준을 보장하는 복지사업은 전적으로 중앙에서 담당을 하고, 추가적인 사업은 자방자치단체가 스스로 재원을 확보하여 하는 방안도 생각할 수 있다. 영국의 경우 현금급여는 국가사무로 고용연금부와 지역 Job center+를 통해 직접 수행하고, 복지서비스는 보건부와 지방정부가 협력하여 수행하고 있다.

이야기
15

　　민선지방자치제도가 1995년 도입된 이후 20여년에 되어간다. 그동안 지방자치단체의 자율성 제고에 치중해왔으나 앞으로 책임성도 높여야 한다는 주장이 있다. 그 배경은 일부 지자체의 과도한 행사, 거대청사 건립과 같은 SOC 건설 등으로 지자체의 부채가 급증하고 있기 때문으로 보인다. 책임성을 높이는 방법으로 불요불급한 지출억제와 같은 지자체의 자구노력과 함께 재정투명성(공개) 제고와 자치단체 파산제도 도입 등이 거론되고 있다.

　　중앙정부도 지자체에 재정 부담이 생기는 새로운 사업을 추진하거나 도입하는 경우 국가재정은 물론 지방재정과 추가소요인력 영향평가(지방재정법에 의한 지방재정부담심의 위원회 또는 사회보장기본법에 의한 사회보장 위원회)와 같은 절차를 거치는 신중한 접근이 필요한 것으로 보인다.

13. 복지정보시스템에 대하여

우리나라는 산업화과정에서 정보화가 급속히 진행되면서 많은 복지사업이 정보 시스템을 이용하여 추진되고 있다. 사회보험분야는 건강보험, 국민연금, 산재보험과 고용보험별로 각 담당공단이 피보험자자격 취득과 상실, 급여, 사후관리를 전산 시스템을 통하여 관리·운용하고 있다. 2011년 1월부터 4대 사회보험의 보험료징수는 국민건강관리공단으로 일원화되었다.

공공부조사업과 사회서비스사업을 위한 대표적인 복지정보시스템인 사회복지 통합관리망이 2010년 1월부터 운영되고 있다. 이외에 2013년 3월 현재 보건복지부를 중심으로 살펴보면 사회서비스전자바우처 시스템, 보육통합정보시스템, 보건·복지포털시스템, 지역보건의료정보시스템, 사회복지시설정보시스템이 운영되고 있다.

보건·복지포털시스템은 일반 국민이 편리하게 복지를 알고 이용하도록 공개된 전산망이나, 여타 시스템은 복지담당 공무원과 보건소·보육시설·복지시설 종사자들이 주로 이용하는 전산망이다. 이상 6개의 복지정보 시스템은 사회복지사업법에 따라 2009년 12월 설립된 특수재단법인인 한국보건복지정보개발원이 정부의 위탁을 받아 운영하고 있다.

사회복지 통합관리망(행복e음)은 과거 지방자치단체와 사업별로 분산되어 230개 시군구에서 처리되었던 전산업무체계를 중앙집중식으로 공적자료를 통합하여 운영하는 복지 전산망으로 2010년 1월에 도입되었다. 행복이음은 개인과 가구별로 모든 복지사업의 자격과 급여내용을 통합하여 알 수 있도록 하였다. 국민은 복지 급여신청을 하면서 자격이 되는 경우 여러 가지 급여를 한 번에 통합하여 편리하게 받을 수 있으며, 행정기관은 수급자 선정을 위한 가구원의 인적정보, 재산·소득·금융자산과 복지급여와 서비스에 대한 공적자료를 한 곳에서 보면서 자격관리가 가능해졌다.

사회복지통합관리망은 국세청의 종합소득, 행정안전부의 재산세·취득세, 국토 해양부의 차량·지적·건축물정보와 같은 소득과 재산정보와 대법원의 가족관계증명, 행정안전부의 주민 등록, 병무청의 군 입대, 법무부의 교정시설 입소 및 출입국 정보 등 인적사항 정보 그리고 교육과학기술부의 유아학비지원, 한국고용정보원의 자활대상자 서비스, 국민연금관리공단의 기초노령연금, 건강보험관리공단의 노인장기요양보험과 의료급여 등 복지급여와 서비스에 대한 공적자료를 연계하여 지자체에 제공하여 복지대상자의 선정과 관리에 정확성을 제고하게 되었다.

또한 수급자 1인1계좌 원칙을 도입하고 본인여부 확인과 임의조작 차단을 통하여 복지담당자들의 횡령을 사전에 차단하고, 여러 복지사업에 대한 개인별 가구별 복지급여 이력을 한 번에 관리할 수 있게 됨에 따라 복지의 중복·누락·편중을 방지할 수 있게 되었다. 2012년까지 5회에 걸친 수급자의 정기자격조사(확인조사)를 통하여 부적정수급자 약 59만명을 발견하여 수급정지를 하였으며, 그 중 기초생활보장 수급자는 약 15만명이 포함되었다.

아울러 각종 신청서, 동의서와 서식 37종을 통합하여 6종으로 줄였고, 가족관계 증명서와 건강보험료 납입영수증 등 제출서류도 상당부분 공적자료 조회로 대체 하였다. 그리고 소득·재산 조사방법과 절차를 표준화하여 그에 걸리는 기간도 최장 60일에서 14일로 단축하여 지원여부 결정을 하도록 함으로써 국민이 편리하게 이용할 수 있도록 하였다.

| 행복e음 체계도 |

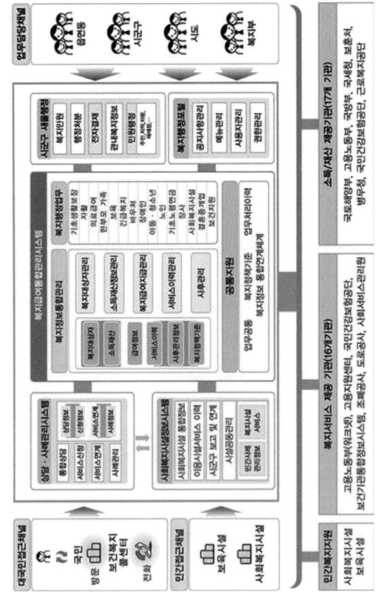

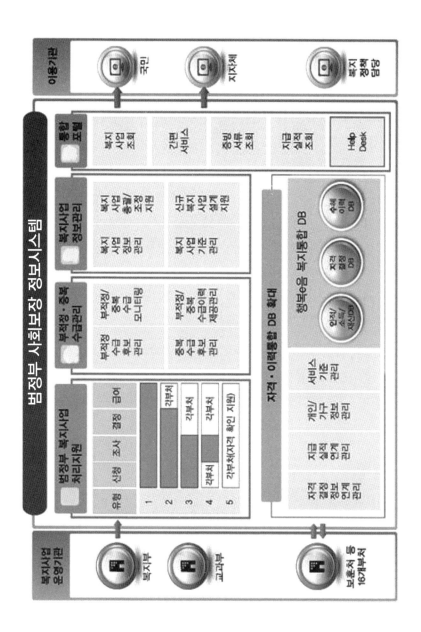

범정부 사회보장 정보시스템

이용기관
- 국민
- 지자체
- 복지정책담당

통합포털
- 복지사업조회
- 간편서비스
- 증빙서류조회
- 지급실적조회
- Help Desk

복지사업정보관리
- 복지사업정보관리
- 복지사업총괄/조정지원
- 복지사업기준관리
- 신규복지사업설계지원

부적정·중복수급관리
- 부적정수급후보관리
- 부적정/중복수급모니터링
- 중복수급후보관리
- 부적정/중복수급이력재공관리

범정부 복지사업 처리지원

유형	신청	조사	결정	급여
1				각부처
2			각부처	
3		각부처		
4	각부처			
5	각부처(자격 확인 지원)			

자격·이력통합 DB 확대

행복e음 복지통합 DB
- 수혜이력 DB
- 자격결정 DB
- 인적/소득/재산DB

- 서비스기준관리
- 개인/가구정보관리
- 지급실적연계관리
- 자격결정정보연계관리

복지사업 운영기관
- 복지부
- 교과부
- 보훈처 등 16개부처

행복이음을 통하여 2011년 9월부터 보육료·양육수당·유아학비에 대한 온라인 신청시스템을 구축하여 대국민 서비스를 제공하였고, 2013년 2월 산모 신생아도우미, 장애인활동지원, 아동인지능력향상 바우처사업(3종)과 고교학비·급식비·방과 후 학교 자유수강권·교육 정보화지원 등 초중고교육비 지원사업(4종)이 온라인신청 서비스 대상사업으로 추가되었다.

행복이음은 2010년 도입 후 기초생활보장, 노인, 장애인, 보육 등 108개 사업을 통합 관리하여 오다가 범정부 사회보장정보시스템 확대에 따라 2013년 2월 18일부터 16개 중앙부처 296개 사업으로 확대 운영되고 있다. 전국 시·군·구청과 읍면동 주민센터에서 일하고 있는 사회복지담당공무원(월평균 2만명)이 행복이음에 접속하여 기초생활보장 등 각종 복지급여의 상담·신청, 조사·결정, 급여지급과 사후관리 업무를 수행하고 있다.

2012년 행복이음을 통하여 전국 230개 시군구에서 79종의 현금급여 약 10조 5천억원이 7,819만명 수급자(누적기준)에게 지급되었다. 월평균 약 652만명의 수급자에게 8,750억원이 지급되고 있는 셈이다.

이야기 16

2010년 1월 사회복지통합전산망이 도입되었을 때 일선 사회복지공무원들은 약칭으로 사통망(死通網)이라고 불렀다. 새로운 시스템이 도입초기의 업무미숙과 시스템 불안정 등으로 업무처리가 중단되는 경우가 많았기 때문이다. 시간이 지나면서 시스템은 안정화되었다.

보육통합정보시스템(cpms.childcare.go.kr)은 아이사랑카드 사업관리와 보육 행정의 효율화를 위해 2009년 11월 구축이 완료되었다. 230개 시군구별로 수기 대장으로 관리하던 보육교직원 관리대장을 DB로 구축하였고, 행정안전부 새올행정시스템에서 관리하던 어린이집 설치인가정보도 이관 받았으며, 어린이집 평가인증 업무시스템과 어린이집과 행정기관 상호간 소통채널인 아이사랑알리미도 구축되었다. 보육통합정보시스템을 통하여 어린이집 약 4만 개소, 지원아동 약 149만명, 보육교직원 약 28만명이 보육료 결제와 자금관리, 어린이집 행정업무를 지원받고 있다.

사회서비스 전자바우처시스템(www.socialservice.or.kr)은 노인돌봄, 장애인 활동지원, 산모신생아도우미, 지역사회서비스투자, 가사간병방문, 발달재활서비스, 언어발달, 임신출산진료비 지원 8개 사회서비스의 신청, 이용, 비용지급, 정산 등 업무처리를 위한 전산시스템으로 시스템 사용자는 6만여 명, 사회서비스 이용자는 112만명으로 추산하고 있다.

지역보건의료 정보시스템은 보건의료원, 보건소, 보건진료소와 같은 보건기관의 보건사업과 진료업무 처리를 지원하며, 보건기관 종사자 2만 8천여 명이 사용하고 있다. 사회복지시설 정보시스템은 사회복지 시설과 법인의 회계, 인사, 입소자·이용자와 서비스 관리를 지원하고 있으며, 시설종사자 13만명과 시군구 공무원 1,200여명이 사용하고 있다.

보건복지 포털시스템은 최신 보건복지 소식, 정책정보, 보건기관·복지시설 정보 등을 국민들에게 제공하며, 동시에 국민들이 보육료와 유아학비 등을 온라인으로 신청·접수할 수 있으며, 건강진단서 등 증명서도 발급받을 수 있는 대국민 포털 서비스이다. 복지포털인 **복지로**(www.bokjiro.go.kr)는 약 348만명이 이용하고 있으며, **공공보건포털**(www.g-health.kr)은 약 86만명이 이용 중인 것으로 나타났다.

이야기
17

사회복지 통합관리망에는 2012년 현재 약 900만명의 복지수급자와 약 400만명의 부양의무자 정보가 담겨있다. 사회복지통합관리망에 있는 방대한 data를 가공하여 지역, 연령, 성, 소득, 기간별 다양한 통계를 추출하여 새로운 정책개발에 활용할 수 있을 것으로 보인다. 개인정보보호와 더불어 법령과 제도상 한계를 극복하면 앞으로 복지분야 big data 활용은 발전 가능성이 많은 분야가 될 것이다.

14. 사회복지시설에 대하여

2011년 말 현재 보건복지부 소관 사회복지시설은 55,638개소이며, 그 중 입소자가 있는 생활시설은 5,576개소이며, 이용자에게 서비스를 제공하는 이용시설은 50,062개소이다. 사회복지시설은 복지전달체계 중 민간분야에서 국민들에게 다양한 서비스를 유상 혹은 무상으로 제공하는 중요한 역할을 하고 있다.

사회복지시설의 설치와 운영은 국가, 지방자치단체 그리고 사회복지법인, 비영리법인, 개인이 할 수 있으나 대부분 사회복지법인에 의하여 운영되고 있다. 국가와 지방자치단체 혹은 비영리법인이 복지시설을 설치 후 그 운영을 사회복지 법인에 일정기간 위탁하여 운영하는 경우도 있다.

사회복지관의 경우 2012년 말 기준 437개소가 있으며, 설치주체는 지자체가 238개(54%), 공공기관 85개(19%), 비영리법인 114개(26%)이다. 운영형태를 살펴보면 직영운영이 147개소 (33.6%), 법인위탁운영이 290개소(66.4%)이다. 위탁 기간은 3년 이상이 284개소(97.9%)이며 3년 미만은 6개소(2.1%)이다.

복지시설은 서비스 대상자별로 노인, 장애인, 아동, 정신질환자, 노숙인(부랑인), 결핵·한센 시설이 있으며 자활사업을 추진하는 자활센터, 지역주민이 이용하는 사회복지관, 그리고 영유아를 돌보아주는 보육시설인 어린이집이 있다. 2011년 말 현재 생활시설에서 생활하고 있는 입소자는 약 18만 2천 명이며, 종사자는 약 8만 6천 명이다. 이용시설에서 종사하고 있는 인력은 약 32만 2천 명인 것으로 나타났다.

대상자별 시설의 종류를 살펴보면 노인생활시설(4,493개소)로 양로시설, 노인 공동생활 가정(노인그룹홈), 노인복지주택, 노인요양시설, 노인요양공동생활가정이 있으며, 노인이용 시설(3,031개소)로 노인재가시설, 노인복지관이 있다. 위 수치에서 경로당, 노인교실 그리고 노인휴양소는 제외되어 있다.

아동생활시설(317개소)로 양육시설(고아원), 직업훈련, 보호치료, 자립지원, 일시보호, 종합시설이 있으며 아동이용시설(3,997개소)로 아동상담소, 아동전용 시설, 그리고 지역아동센터가 있다.

장애인생활시설(490개소)은 장애유형별 생활시설과 중증장애인요양시설, 장애 영유아 시설이 있으며 장애인이용시설(2,323개소)은 지역사회재활 시설, 직업 재활 시설, 장애인생산품판매 시설이 있다.

정신질환자시설은 320개소, 노숙인시설은 140개소, 결핵·한센 시설은 5개소, 사회복지관은 433개소 그리고 어린이집은 39,842개소가 있다.

사회복지시설은 1999년부터 3년마다 11개 시설유형에 대하여 보건복지부장관이 평가를 하고 있으며, 평가결과 우수시설에는 인센티브를 제공하고 미흡한 시설에는 운영지원 컨설팅을 제공하고 있다. 2012년에 사회복지관, 노인복지관, 한부모가족 시설 그리고 노인양로 시설 4개 유형 765개 시설에 대하여 평가를 실시하였다.

평가는 시설 및 환경, 재정 및 조직운영, 인적자원관리, 프로그램 및 서비스, 이용자의 권리 그리고 지역사회관계 6개 분야에 이루어졌다. 2013년에는 아동복지시설, 장애인거주시설, 장애인직업재활시설 약 1,020개소에 대하여 평가를 할 예정으로 있다. 아울러 각 시설별로 지역 특성과 대상자, 시설의 과다 여부 등에 따라 특성화와 다기

능화를 추진하고 있다.

복지시설에 입소하여 생활하는 이들에 대한 기초생활 보장 생계급여가 턱없이 낮아 현실화가 필요하다는 언론의 보도가 자주 있다. 2013년 현재 1인 가구에 대한 생계급여비가 월 46만8천원이지만, 생활시설에서 거주하고 있는 자에게는 1일 기준 5천원 수준으로 입소인원 수에 따라 월 15만 4천원에서 16만3천원이다.

2013년 추경예산확보(1식 급식단가 인상: 1,583원⇨2,069원)에 따라 7월부터 보장시설 평균 생계급여비가 월 15만 9천원에서 20만 3천원으로 인상되었다. 노인, 장애인, 아동, 성폭력 · 가정폭력 피해자 시설 등 다양한 입소자의 특성에 따라 지원수준이 달라야 한다는 주장이 있다.

2011년 말 사회복지시설을 운영하거나 지원하는 사회복지법인은 1,648개이며 총 기본재산은 5조 9,383억원으로 평균 36억원이다. 사회복지시설을 운영하는 법인은 1,475개(89.5%)로 5,400개의 시설을 운영하여 평균 3.7개 운영하고 있다. 사회 복지시설을 설치 운영하지 아니하고 사회복지사업을 지원하는 지원법인은 173개로 10.5%를 차지하고 있다.

사회복지법인은 설립과 기본재산처분을 감독관청의 허가를 받으며, 시설운영에 필요한 국고보조금을 목적에 맞게 사용하여야 한다. 아직도 일부 복지시설에서 입소자에 대한 인권침해 사례와 보조금 횡령 사건이 발생하고 있다.

마음을 더하는 복지를 꿈꾸며

15. 나눔에 대하여

복지사각지대의 해소와 사회안전망 강화를 위하여 정부재정 이외에 민간자원을 활용하는 것이 중요해졌으며 근래에 국민과 기업의 기부금, 자원봉사, 장기기증 등 나눔에 대한 관심이 확산되고 있다.

2011년 현재 기부금 총액은 11조 2천억원으로 2001년 4조 6,700억원에 비하여 10년 사이에 약 3배가 증가하였다. 통계청 사회조사에 의하면 2011년 자원봉사는 전체국민의 19.8%인 약 860만명이 참가한 것으로 나타났으며 1인당 연평균 7.1회, 1회당 4.4시간 참여한 것으로 조사되었다. 최근 음악가, 대학교수, 연예인 등 자신이 가진 재능과 지식을 나누는 재능나눔도 증가하고 있다.

2009년 故김수환추기경의 각막기증을 계기로 장기기증, 헌혈, 인체조직 기증 등 생명나눔을 실천하는 사람들도 증가하고 있다. 장기이식은 2008년 2,858건에서 2012년 3,845건으로 증가하였고 헌혈도 2008년 235만명에서 2012년 272만명으로 증가했다.

잉여식품을 기부 받아 저소득계층에게 지원하는 식품나눔(푸드뱅크)도 증가하고 있다. 1998년 도입된 식품나눔사업은 도입초기 약 28억원 수준이었으나 2012년 식품기부액은 약 1,163억으로 증가하였다. 2012년 이용자가 매장을 찾아와 식품을 가져가는 푸드마켓은 127개소가 운영되었다. 이용자에게 직접 식품을 전달하는 푸드뱅크는 298개소가 운영되었고, 보건복지부가 한국사회복지협의회에 푸드뱅크 사업을 위탁하여 협회가 관리하고 있다.

대한적십자사와 더불어 대표적인 모금단체로 사회복지공동모금회가 있다. 1975년부터 정부가 이웃돕기모금을 해 왔으나 1998년 사회복지공동모금회법이 제정·시행되면서 동기금을 이관받아 사회복지공동모금회가 설립되었다. 같은 해 16개 시도에 지역공동모금회가 설치되었다.

공동모금회는 모금홍보와 관리운영비로 모금액의 10%이내를 사용할 수 있다. 2007년은 2,674억원을 모금하여 2,230억원을 배분하였으나 2011년은 3,692억원을 모금하여 3,193억원을 배분하였다. 사업비 배분 (2011년)은 신청사업(3.3%), 지정 기탁사업(65.7%), 기획사업(24.5%), 긴급지원사업 (6.5%) 등에 심사 후 이루어지고 있다.

2013년 3월 사회복지공동모금회는 2012년 4,159억원을 모금하여 3,494억원을 배분하였으며 2만여 사회복지시설, 기관과 단체 등을 통해 400만명의 어려운 이웃을 도왔다는 발표를 하였다.

정부에서는 나눔문화의 확산을 위하여 나눔종합정보망인 나눔넷 (www.nanumnet.or.kr)을 2010년 11월부터 운영 중이며, 기업의 사회적 공헌을 활성화하기 위하여 사회공헌정보센터 (www.crckorea.kr)도 2007년 6월부터 운영 중에 있다.

이야기 20

나눔을 실천한 사람 중에 빈곤에 빠져 어려움을 겪는 사례가 언론에 보도되고 있다. 정부에서는 나눔을 활성화하고 고액기부자가 노후에 빈곤으로 고생하는 일이 없도록 기부연금제도의 도입을 추진하고 있다. 기부연금은 기부자가 현금, 부동산 등을 공익법인에 기부하면 본인 또는 유족에게 기부가액의 일정액을 연금처럼 정기적으로 지급하는 방안이다.

제4장

사회보험에 대하여

우리나라는 1964년 7월에 처음으로 산업재해보상보험이 실시된 이후 1977년 7월 국민건강보험, 1988년 1월 국민연금, 1995년 7월 고용보험, 그리고 2008년 7월 노인장기요양보험이 실시되어 현재 5개의 사회보험이 운용되고 있다. 이 책에서는 고용노동부에서 관장하고 있는 산재보험과 고용보험을 제외한 사회보험에 대하여 살펴보기로 한다.

16. 노후의 경제적 안정에 대하여(국민연금)

국민연금제도는 소득활동을 하는 사람이 그 기간 동안에 보험료를 내었다가 은퇴, 장애, 사망 등으로 소득활동이 중단된 경우 본인이나 유족에게 연금을 지급함으로써 안정된 생활을 보장하기 위한 소득보장제도이다. 국민연금은 법에 따라 그 가입이 강제가 되고 보험료를 납부하고 국가가 책임지고 운영하는 사회보험의 하나로 본인의 의사에 따라 보험회사에 가입하는 민간연금보험과 다르다.

1988년에 10인이상 사업장을 대상으로 도입이 된 후 1995년에 농어촌 주민을 대상으로 1999년에 도시지역 주민에게 확대되어, 제도 도입 후 12년 만에 전 국민을 대상으로 그 적용이 확대되었다. 2003년 당연적용 사업장이 1인 이상 사업장으로 확대되었다. 2012년 5월 현재 국민연금 가입자는 2,005만명(100%)으로 사업장 가입자가 1,125만명(56.1%), 지역가입자가 852만명(42.5%), 임의가입자가 28만명 (1.4%)이다.

국민연금의 보험료는 기준소득월액의 9%로 사업장 가입자는 사용자와 근로자가 각각 4.5%씩 부담하며, 지역가입자는 본인이 전액을 부담한다. 보험료부과 편의를 위하여 전년도 월평균소득액을 매년 7월부터 다음해 6월까지 기준소득월액으로 본다. 2013년 7월 현재 기준소득월액의 하한은 25만원, 상한은 398만원이다. 각 공단에서 징수하던 국민연금, 건강보험, 고용보험, 산업재해보상보험 4대 사회 보험료를 2011년 1월부터 국민건강보험 공단에서 통합징수를 하고 있다. 2011년의 경우 국민연금 보험료로 27조 471억원이 징수되었다.

사업 중단이나 휴직·폐업 등으로 보험료를 납부할 수 없는 경우 해당 기간 동안 보험료납부를 면제하여주는 납부유예제도가 있으며 납부예외 중에 가입자가 사망하거나 장애를 입어도 유족 연금과 장애연금이 지급된다. 2011년도의 경우 납부예외자가 490만명으로 전체 가입자의 24.6%를 차지하고 있다.

연금보험료의 이중부담을 해소하기 위하여 미국, 영국, 독일, 중국 등 20여 개 나라와 사회보장협정을 체결하였다. 사회보장협정이 체결된 국가에 체류 중인 우리나라 국민연금 가입자가 그 나라에 국민연금가입 증명서를 제출하면 상대국의 연금 보험료를 면제받으며, 우리나라의 외국인근로자도 협정이 체결된 본국의 연금가입증명서를 제출하면 국민연금보험료를 면제받게 된다.

국민연금 수급액을 살펴보면 2011년 현재 20년 이상 가입한 경우 노령연금으로 월평균 791,490원(최고 134만2천원/최저 22만7천원)을 받고 있다. 감액노령연금, 조기노령연금, 특례노령연금을 받는 경우 그 금액은 각각 10~40만 원대로 전체 노령연금을 함께 볼 때 월평균 281,610원을 받고 있다. 2011년에 317만명에게 9조 8,193억원의 연금이 지급되었다. 2011년 기준소득월액이 208만원인 경우 보험료는 월 18만 7,200원이며 20년 가입 후 퇴직을 하면 매월 42만 7,740원의 연금을 받는 것으로 추계된다.

우리나라는 1988년 국민연금제도를 시행 후 20년이 지난 2008년부터 완전 노령연금을 수령하는 사람들이 생겼고 2009년 3만3천 명이 평균 75만1천원의 완전노령연금을 수령하였다. 2012년 현재 171만명의 노인이 국민연금을 수령하여 전체노인 중 수급률은 30%에 이르고 있다. 171만명 중 148만명이 노령연금 수급자이며 나머지는 유족연금과 장애연금 수령자이다.

국민연금 가입자가 최초로 받는 기본연금액의 산정공식은 $1.2 \times$ (A+B) $(1+0.05 \times n) \div 12$개월이다. 여기서 A값은 균등부분으로 연금수급 전 전체가입자의 3년간 평균소득월액이며, B값은 소득비례부분으로 가입자 개인의 가입 기간 중 기준 소득월액의 평균액이며, n은 20년 초과 가입년수이다. 이 산정식에서 상수1.2가 소득대체율을 결정하는 수치이다. 상수는 국민연금이 도입된 1988년부터 1998년까지 2.4이었으며, 1999년부터 2007년까지 1.8로, 2008년에는 1.5로 낮아졌으며, 2009년부터 매년 0.015씩 낮아져 2028년이면 1.2가 된다. 2013년은 그 상수가 1.425(소득대체율 48%)이었으며, 2014년은 1.410(소득대체율 47.5%)이다.

가입자의 가입기간 중 평균소득액(B값)의 몇%를 국민연금으로 받느냐를 소득 대체율이라 하는데 국민연금의 소득대체율이 1988년 도입당시에 70%이었으나 1999년 이후 가입기간은 60%로, 2008년의 가입기간은 50%로, 2009년부터는 매년 0.5%씩 하향조정하여 2028년부터 40% 수준이 되도록 조정하였다. 산정공식 중 A값이 고소득층은 낮아지고 저소득층은 높아지므로 고소득층보다 저소득층의 소득대체율을 높게 하여 저소득층이 상대적으로 더 많은 연금액을 받도록 설계되어있다.

최초 연금액이 결정이 되면 그 다음해는 물가상승률을 감안하여 연금액이 인상되며 매년 인상되는 연금액이 가입자가 사망할 때까지 지급된다. 2013년의 경우 4월부터 전년도 전국 소비자물가 변동률에 맞추어 2.2% 연금지급액을 인상하여 조정하였다. 노령연금액은 위 기본 연금액에 부양가족연금액을 더한 금액으로 하고 있다.

소득계층별 수익비(2011년부터 40년 국민연금 가입, 20년 수급 기준)

기준 소득월액	23만원 (하한액)	50만원	100만원	188만원 (평균소득 월액)	200만원	300만원	375만원 (상한액)
수익비*	4.3	3.2	2.5	1.8	1.7	1.4	1.3

* 연금보험료로 낸 금액 대비 받는 급여액 비율

　2011년 현재 전국 가구의 월평균 소비지출이 239만원임을 감안할 때 국민연금만으로 노후에 경제적인 안정을 확보하기 어려운 형편이다. 이에 따라 은퇴 전문가들은 노후의 안정을 위하여 국민연금은 물론 퇴직연금, 개인연금을 준비해야 한다고 주장하고 있다. 더불어 노인세대의 자산에서 부동산 비중이 높아 주택연금과 농지연금의 잘 활용할 것을 권하고 있다.

　한편, 국민연금 지급개시연령이 2012년까지는 60세이었으나 2013년부터 5년마다 1세씩 높아져 2033년에는 65세가 된다. 즉 2013년~2017년 기간 중에는 61세, 2018년~2022년 기간 중에는 62세, 2023~2027년 기간 중에는 63세, 2028년~2032년 기간 중에는 64세, 그리고 2033년부터는 65세가 되어야 국민연금(노령연금)을 받게 된다.

　따라서 2013년 현재 대부분의 기업 정년이 55세인 현실을 감안하면 앞으로 정년연장이 없다면 많은 퇴직자들이 6년~10년 동안 국민연금을 받을 수 없는 노후소득 공백 기간이 생기게 된다. 다만 10년 이상 가입하였고 2013년 현재 56세 이상인 자가 소득이 있는 업무에 종사하지 아니하고 연금지급 개시연령 전이라도 본인이 신청한 경우 조기노령연금을 받을 수 있다.

2012년 우리나라 다층 노후소득보장 체계도(65세 이상)

3층	개인연금		
2층	특수직역연금 (65세 이상 수급자 23만명, 4%)	퇴직(연)금	
1층		국민연금(65세 이상 수급자 143만명, 23.9%)	
0층	기초노령연금(65세 이상 수급자 391만명, 66.3%)		
빈곤층	기초생활보장제도(65세 이상 수급자 38만명, 6.3%)		
	공무원 등	민간근로자	자영자

* 65세 이상 노인 인구 : 598만명
* 기초노령연금 : 국민연금 급여율을 인하(60→40%)하면서 보완책으로 2008
  년 도입되어 국민연금 전체 가입자의 평균소득월액의 5%를 65세 이상 노인
  의 70%에게 지급
* 퇴직연금 : 2005년 도입되었으나, 퇴직(일시)금 제도와 병행해서 운영 중으로
  상용근로자의 41% (사업장의 12.2%)가 퇴직연금 가입
* 개인연금 : 2001년 세제적격개인연금저축이 도입되었으며, 경제활동인구 대비
  약 9% 정도 개인연금 가입

1988년 국민연금이 시작된 이후 연금기금의 적립금이 2013년 2
월 현재 400조원에 이른다. 이로써 일본 공적연금(GPIF), 노르웨
이 글로벌펀드연금(GPFG)에 이어 300조원대의 네덜란드 공적연금
(ABP)을 앞질러 세계 3대 연기금이 되었다. 연금 기금은 도입된 해

에 5,279억원으로 시작하여 2003년 100조원을 돌파하였고 2007년 4월 200조원, 2010년 7월에 300조원에 달했다. 보유자산 비중은 2012년 말 기준으로 국내채권이 60.2%로 가장 많고, 국내주식 18.7%, 해외주식 8%, 국내 대체투자 4.7%, 해외채권 4.6%, 해외대체투자 3.7%이다.

국민연금의 적립금은 2020년 924조원, 2043년에는 2,561조원까지 증가할 것으로 예상되고 있다. 2013년 3월 국민연금 재정추계위원회가 발표한 3차 장기 추계결과에 따르면 현재의 국민연금 보험료율 9%를 유지하면 5년 전 추계와 같이 2040년 이후 수입보다 지출이 늘어나면서 수지가 악화되어 2060년경에 기금이 소진될 것으로 보고 있다.

다른 선진국처럼 기금소진 이후에는 적립방식에서 부과 방식으로 전환하여 젊은 세대가 돈을 걷어 노인세대에게 연금을 지급하게 된다. 이 경우 보험료율은 21.4%로 올라가 충격이 불가피할 것으로 예상된다. 이에 따라 현재 OECD 회원국 평균 연금보험료율 19.6%보다 2배 이상 낮은 우리나라의 보험료율 9%를 12.91%로 인상하면 소진시기를 2083년 이후로 늦출 수 있을 것으로 발표했다.

국민연금기금의 관리·운용은 보건복지부장관(국민연금기금운용위원회)이 하고 있으며 업무의 일부를 국민연금공단에 위탁하고 있다. 기금운용의 수익률은 2009년 10.39%, 2010년 10.37%, 2011년 2.31% 그리고 2012년은 운용수익금이 25조원으로 6.99%이었다. 연기금은 해외투자, 국내외부동산매입 등 투자 다변화를 추진하고 있다.

근래에 기금의 의결권행사에 대하여 찬반이 대립하고 있다. 연기금이 기업의 대주주로서 이사회와 주주총회에서 적극적으로 개입하여 대기업 회장과 사외이사의 전횡을 견제해야 한다는 의견이 있으며, 정부와 정치권의 영향력을 기업에 행사하거나 지나치게 대주주의 이익만을 도모할 우려가 있어 의결권행사에 부정적인 의견도 있다.

17. 큰 돈 걱정 없이 건강한 생애보내기
(건강보험과 노인요양보험)

17-1. 건강보험

건강보험제도는 국민들이 살아가면서 겪는 질병·부상에 대한 예방·진단·치료·재활과 분만·건강증진·사망에 대하여 보험급여를 하여 국민보건을 향상시키고 진료비로 인한 국민들의 경제적 부담을 완화시키는 것을 목적으로 하는 사회보험이다. 민간보험회사에 개인들이 임의로 가입하는 사보험과 달리 그 가입과 보험료징수가 강제성을 가지고 있다.

세계적으로 우리나라의 건강보험은 비용 대비 효과성 측면에서 우수한 제도로 평가받고 있다. 1977년 7월 도입 후 점진적으로 적용대상과 급여범위를 넓혀와 (1989년 7월 도시 지역주민에게 보험확대로 전 국민 의료보험 달성), 이제는 일상생활의 건강위험에 대하여 국민들이 커다란 비용부담 없이 진료를 받고 입원하여 치료를 받을 수 있게 되었다.

그러나 건강보험의 급여대상에서 제외되는 간병비, 선택진료비 (특진비), 상급병실료 등 비급여 부분이 증가하여 건강보험의 보장률(전체 의료비 중 건강보험급여비가 차지하는 비중)은 2010년 62.7%로 나타났고, 건강보험정책연구원의 한 보고서에 따르면 2011년 전체가구(1,494만 가구)의 20.6%인 308만 가구가 연간 가처분소득의 10%가 넘는 재난적 의료비 지출을 경험한 것으로 나타났다. 앞으로 건강보험 재정의 건전성을 유지하면서 보장성을 확대하는 것이 과제이다.

2012년 말 기준으로 우리나라에서 의료보장을 받고 있는 인구는

5,117만명이다. 그 중 4,966만명(97.1%)이 건강보험제도의 적용을 받고 있으며, 151만명(2.9%)은 주로 국민기초생활보장 수급자를 대상으로 실시되는 공공부조사업의 하나인 의료급여제도의 적용대상이다.

건강보험 적용인구 4,966만명 중 3,411만명(68.7%)은 직장가입자와 그 피부양자이며 1,555만명(31.3%)은 지역가입자이다. 사업장의 근로자와 사용자 그리고 공무원과 교직원이 직장가입자가 되며, 직장가입자와 그 피부양자를 제외한 농어촌 주민과 도시자영자는 지역가입자이다.

피부양자는 직장가입자의 배우자, 형제자매, 부모와 자녀로 일정소득이나 재산 이하인 자로서 보험료를 내지 않는다. 피부양자 인정기준의 부양요건과 소득요건에 따르면 소유하고 있는 토지, 주택, 건축물 등 재산에 대한 지방세법 상 재산세 과세표준의 합이 9억원(형제자매는 3억원)이하이어야 하고, 사업소득이 없거나 이자소득과 배당소득의 합, 근로소득과 기타 소득의 합 그리고 연금소득이 각각 연간 4,000만원 이하이어야 한다. 사업소득이 있거나 금융소득, 근로소득, 연금소득이 각각 연간 4,000만원이 넘으면 지역가입자가 된다. 2012년 말 직장가입자가 1,399만명이며, 피부양자는 2,012만명으로 근로자 1명당 1.44명의 부양자가 있는 셈이다. 한편 같은 해 건강보험의 적용을 받고 있는 재외국민은 2만 6천명이며, 외국인은 55만 4천명에 이른다.

건강보험의 재원은 2013년 현재 보험료, 국고지원금, 담배부담금으로 구성된다. 정부에서 과거 지역의료보험에 대한 일부 재정지원을 계속하였는데 2007년부터 2016년까지 한시적으로 당해연도 보험료 예상수입액의 14%를 국고에서, 6%에 해당하는 금액을 국민건강증진 기금(담배부담금)에서 지원하고 있다. 2011년의 경우 보험료수입은 28조 1,630억원이며, 일반회계지원금은 4조 715억원, 담배부담금 지원액은 9,567억원으로 총 32조 1,912억원에 이른다.

직장가입자의 보험료율은 2011년 기준으로 보수월액의 5.64%(2013년 5.89%, 2014년 5.99%) 이며, 지역가입자는 소득·재산·자동차 등에 따라 보험료를 국민건강보험공단에서 차등 부과한다. 직장가입자는 사용자와 근로자가 보험료를 50% 나누어 부담하며, 보수월액이 28만원 미만이면 28만(하한선)에 대하여 사용자와 근로자가 2.82%씩 내게 된다. 한편 보수월액이 7,810만원을 초과하는 경우 7,810만원(상한선)에 대하여 같은 방법으로 보험료를 낸다.

지역가입자는 보험료 전액을 가입자가 부담한다. 같은 해 세대별 평균보험료는 직장 가입자의 경우 82,802원이며, 지역가입자는 72,139원이었다. 2013년 2월 현재 건강보험의 피부양자가 연간금융소득이 4천만원이 넘는 경우 지역가입자로 전환이 되어 보험료를 내야하며, 직장가입자도 급여 외 종합소득이 연간 7,200만원을 초과하면 추가로 보험료를 부담한다.

2011년 건강보험의 재정을 살펴보면 누적적립금과 이자수입 등을 합하여 총수입은 37조 9,774억원이며 지출은 37조 3,766억원으로 당기 6,008억원 잉여금이 발생 하였다. 지출 중 대부분을 차지하고 있는 보험급여비로 2011년 36조 560억원이 지출되었다. 보험급여비 중 보험가입자의 진단, 치료, 수술, 검진, 약제비 등으로 병의원과 약국에게 35조 4,484억원 (현물급여비)이 지출되었고 요양비와 본인부담금 상한액 사후환급금 등으로 가입자에게 6,075억원(현금급여비)

이 지출되었다.

병의원의 진료비와 약국의 약제비가 기준에 따라 적정하게 청구되었는지를 건강보험심사평가원에서 심사 후 그 결과에 따라 국민건강보험공단에서 지불하고 있다. 우리나라의 진료비 심사지불제도는 병·의원서비스의 대부분이 행위별수가제 (fee for service)에 의하여 운영되고 있으며, 부분적으로 일부 입원질병에 대한 포괄수가제와 일부 만성병과 요양병원에 대한 일당정액제가 병행되고 있다.

우리나라는 진료비(건강보험 급여비와 건강보험 비급여 진료비 포함) 중에서 노인진료비와 약제비의 비중이 상대적으로 높은 비중을 차지하고 있다. 2011년 기준으로 전체인구의 10.5%를 차지하는 노인들에게 지출된 진료비는 총 진료비 47조원 중 15조 4천억원이 지출되어 33%를 점유하고 있고, 약제비는 13조 4천억원이 지출되어 29%를 점유하고 있다.

2013년 3월 건강보험심사평가원이 발표한 2012년 진료비통계지표에 따르면 같은 해 병원, 약국 등 요양기관이 심평원에 청구한 총 진료비는 2011년 46조 760억원보다 4.7% 증가한 48조 2,349억원이었다. 입원진료비는 16조 4,391억원, 외래진료비는 19조 9,703억원, 약국비용은 11조 8,255억원이었다. 국민 1인당 연평균 진료비는 97만 1,262원으로 2011년 93만 4,616원보다 3.9% 증가했다. 70대 이상 평균진료비는 318만 2,368원으로 1인당 평균진료비보다 3.3배 높았다.

우리나라 건강보험의 문제점은 다른 선진국들에 비하여 국민들이 낮은 보험료를 내고 있어 그 보장률이 낮다는데 있다. 2013년 우리나라의 보험료율은 5.89%이나 독일은 15.5%, 프랑스는 13.5%, 일본은 9.5%이다. 정부에서 건보재정의 지속가능성을 고려하여 보장범

위를 확대하고 있으나 기본적으로 건강보험 급여에서 제외되는 부분에 대한 진료비는 국민들의 자부담으로 해결하고 있다.

대표적인 분야가 상급병원의 선택진료비(특진비), 상급병실료, 간병비, 치과의 보철, 최신 의약품과 의료장비에 의한 진단·치료 등이 있다. 나날이 의료기술이 발달하고 새로운 의약품이 개발되고 있어 그것들이 건강보험의 급여에 포함되기에는 기본적으로 시차가 존재하나, 건보재정의 한계로 일부 고가의 의약품과 로봇수술 등과 같은 치료·검사는 비급여로 남아있다.

이에 따라 많은 국민들이 민간보험사들이 운영하는 건강보험에 가입하고 있는데, 2012년 건강보험정책연구원 보고서에 따르면 우리나라 10 가구 중 8가구가 민영건강보험에 가입하여 월평균 30만원의 보험료를 내고 있는 것으로 나타났다.

2013.1.30 개최된 토론회 발표에 따르면 입원환자의 간병인으로 약 3만 6천명이 활동 중이며, 요양병원까지 포함하면 5만6천명수준인 것으로 나타났다. 종합병원의 경우 간병인의 98%(7,900여명)가 환자에 의하여 개인적으로 고용되었다. 보호자 없는 병원을 만들기 위해 연간 2조 4천억 원에서 5조원의 재원과 16만명의 추가 간호인력이 필요한 것으로 발표되었다. 사적 간병인에 의존하는 이유는 병상 당 간호사 수가 OECD 회원국 평균 1.14명의 1/3 수준인 0.32명(2006년 기준)으로 적기 때문이다.

한국개발연구원(KDI)의 보고서에 따르면 2010년에 진료비를 마련하기 위해 전세금을 뺀 가구가 41만 가구, 사채를 빌린 가구가 13만 가구에 이른다. 가구 연소득의 10% 이상을 의료비에 지출한 가구가 281만 7천 가구로 추산되어 빈곤층으로 떨어지거나 빈곤층에 머물게 될 가능성이 큰 것으로 나타났다. 큰 의료비 지출을 유발하는 고혈압과 당뇨병 등 만성질환에 대한 대책이 필요한 것으로 보인다.

현재 정부에서는 국민들의 진료비 부담을 덜어주기 위하여 건강보험 보장성을 확대하고 있으며, 본인일부부담금 산정특례제도와 본인부담액 상한제를 실시하고 있다. **보장성 확대**를 위하여 CT(전산화단층촬영), 장애인보장구, 특정질환 MRI, 항암제, 노인틀니 등에 대한 보험적용을 추가하였다. 그리고 암과 뇌·심장질환, 중증화상환자, 희귀난치성 질환자 등은 **산정특례제도**를 적용하여 본인부담금을 5~10%만 부담하고 있다.

2013.3.11 동아일보 보도에 따르면 **희귀난치성질환**인 확장성심근병증을 앓고 있는 소년(15세)이 2012년 말 대학병원에 입원하여 심장이식수술을 받고 2개월간 입원한 진료비 총액은 7,670만원이었고 27%인 2,079만원을 본인이 부담하였다. 건보공단 급여비 5,655만원 중 65만원이 본인부담금이었고, 본인부담금 중 나머지는 비급여진료비였으며 그 중 35.8%인 982만원이 선택진료비로 가족들은 비급여인 검사비와 의료용품 등에 대한 건강보험 적용을 주장하고 있다.

국내환자가 2만명 이하이면서 적절한 치료방법이 개발되지 않은 병을 희귀 난치성질환이라고 하며, 국제적으로 6천여 종이 국내적으로 2천여 종이 있다고 알려져 있으며 국내환자는 모두 50만명 정도로 추정된다. 2011년 기준으로 50만명 중 약 38만명이 산정특례로 지정되어 건강보험 진료비의 10%만 부담한다.

건강보험공단은 **본인부담상한제**에 따라 2009년부터 건강보험 급여에서 본인 부담액이 연간 200~400만원(보험료 수준 하위 50%는 연간 200만원, 중위 30%는 300만원, 상위 20%는 400만원)을 넘는 경우 그 초과액을 국민들에게 환급하여 주고 있다. 본인부담액에 상급병실료, 선택진료비, 간병비 등 건강보험의 적용이 되지 않는 항목은 제외된다.

이야기 21

　　　고려대 의대 인형식 교수의 "한국형 간호간병 도입방안" 연구보고서에 따르면 2009년 암, 뇌혈관질환 등 급성질환 입원환자의 19.3%, 치매 등 장기요양 입원환자의 88%가 간병인을 쓰고 있었다. 연간 3조원이 간병비로 지출되어 환자 한 명당 연간 275만원을 지출하였다.

　환자 한 명에 한 명의 간병인을 쓰고 있는 급성환자는 간병비를 하루 당 6~8만원을 부담하며, 간병인 한 명이 평균 8.3명의 환자를 간병하는 요양병원은 하루 당 2~3만원을 간병비로 부담하고 있다. 건강보험과 노인장기요양보험이 적용되지 않고 있어 간병비는 그 부담이 가족들에게 배보다 배꼽이 큰 경우라는 지적이 있다.

이야기 22

　　　2013년 3월 25일 동아일보 보도에 따르면 국민건강보험공단의 빅데이터 활용을 성공사례로 보고 있다. 건보공단은 성·연령·소득분위별 표준화를 거쳐 국민을 대표하는 100만명의 건강정보 표본DB(2002~2010), 5차례 이상 건강검진을 받은 240만명의 DB(2001~2010), 크론병 등 희귀질환자 DB 등 세 가지 DB를 구축하였으며 그 용량은 296.5GB에 이른다.

　전문가들은 개인정보가 드러나지 아니하는 데이터 공개와 검증, 활용방안에 대하여 여러 가지 의견을 제시하고 있으며, 건보공단은 협약을 체결하여 학회에 자료를 제공하고 내년 상반기에 일반 공개를 추진하는 방안을 검토하고 있다.

　　2013년 4월 10일 중앙일보 보도에 따르면 우리나라 5대 대학병원에 외래 환자 쏠림이 심하다. 5대 병원은 서울 아산병원, 삼성서울병원, 서울대학교병원, 세브란스병원(신촌), 그리고 서울성모병원을 말한다. 지난 5년 동안 이들 병원 전체 진료비 중 외래환자 진료비 비중이 2007년 32.8%(3조 9,051억원)에서 2011년 36.7%(5조 7,167억원)로 증가했다.

　대학병원에서 외래환자들은 한 시간 기다려 30초 동안 진료를 받는다고 불만이며 하루 200명 환자를 진료하는 의사도 불만이라고 한다. 전문가들은 대안으로 경증환자가 큰 병원에 가면 진료비를 높이고 전문병원이나 지역병원으로 가면 진료비를 줄여주는 방안과 의사별 진료의 질을 평가하여 공개하고 진료비를 가감하자는 방안을 제시하기도 하였다.

17-2. 노인장기요양보험

노인장기요양보험은 치매, 중풍, 파킨슨병과 같은 노인성 질병을 가진 65세 이상 노인 또는 일반 국민이 6개월 이상 동안 혼자서 일상생활을 수행하기 어렵다고 인정되는 경우에 요양시설 입소, 가사와 간병서비스 등 장기요양급여를 제공하여 노후의 건강과 생활안정을 도모하고 가족의 부담을 덜어주는 것을 목적으로 하는 사회보험제도로서 2008년 7월부터 실시되었다. 1964년 7월에 실시된 산재보험, 1977년 7월에 시작된 건강보험, 1988년 1월에 실시된 국민연금 그리고 1995년 7월에 도입된 고용보험에 이어 우리나라에서 다섯 번째 사회보험으로 도입되었다.

우리나라는 급속한 고령화로 장기요양이 필요한 노인은 급증하고 있으나 핵가족화와 여성의 사회활동참여 증가로 가족에 의한 간병은 약화되었다. 저소득층을 대상으로 하는 의료급여 제도가 있으나 중산, 서민층의 요양수요에 대응하면서 급증하고 있는 노인의료비를 선제적으로 대처하기 위하여 고령화 초기에 공적 장기요양보장체계를 도입하였다. 정부에서는 제도 도입 후 4~5년 만에 재정위기에 직면하였던 독일과 일본의 사례를 반복하지 않기 위하여 급여대상을 서비스가 꼭 필요한 요양등급 중등증(3등급) 이상으로 하되 수발서비스를 중심으로 하는 등 재정안정성을 담보하도록 설계를 하였다.

노인장기요양보험의 관리는 보건복지부, 국민건강보험공단 그리고 시·군·구청이 분담하고 있으며, 그 재원은 보험료, 국가지원과 수급자 본인일부부담금으로 구성된다. 2012년 현재 노인장기요양보험료는 건강보험료에 장기요양보험료율을 곱하여 산정하며 그 요율은 6.55% 이다. 같은 해 세대당 월평균 보험료는 5,200여원 이었다.

국가지원으로는 보험료 예상수입액의 20%를 국고에서 부담하며, 의료급여 수급권자의 장기요양급여비용을 국가와 지방자치단체가 부담한다. 본인일부부담금으로 수급자가 시설에 입소한 경우 급여비용의 20%를, 재가급여를 받는 경우 15%를 부담한다.

단 의료급여 수급권자 중 국민기초생활급여 수급권자는 전액 무료이며, 기타 의료급여 수급권자와 소득·재산이 일정금액 이하인 저소득층은 각각 50%씩 경감받는다. 2012년의 경우 보험료 수입으로 2조 2,772억원, 국고지원 4,152억원, 의료급여 부담금 등 7,700여억원으로 총 3조 5천억원의 재정이 소요될 것으로 보인다.

장기요양급여를 받으려면 먼저 건강보험공단 각 지사에 있는 장기요양센터에 신청을 하고 공단직원의 방문조사를 받은 후 장기요양등급 판정위원회로부터 3등급 이상 인정을 받아야 한다.

장기요양급여로 시설급여, 재가급여와 현금급여가 있다. 시설급여는 요양시설에 장기간 입소하여 보호를 받는 것을 말하며 급여비용의 20%를 이용자가 부담하여 과거 요양보험도입 전에는 월 100~200만원을 부담하였으나 도입 이후 월 40~ 60만원 정도로 그 부담이 완화되었다.

요양보호사와 간호사가 가정을 방문하여 신체·가사활동, 목욕, 간호 등을 제공 받거나 단기요양시설에서 주·야간 보호를 받거나 복지용구를 대여하거나 구입하는 것은 재가급여에 포함된다. 도서벽지지역에 살고 있어 시설급여나 재가급여를 받을 수 없는 경우 가족요양비가 현금급여로 지급된다.

노인장기요양서비스를 제공하는 장기요양기관은 2011년 말 현재 입소시설과 재가급여를 제공하는 시설을 포함하여 23,980개로 나타났다. 요양시설(입소)은 4,061개소로 입소정원은 12만 4천여 명이었다.

재가급여를 제공하는 시설 19,505개소 중 방문요양서비스를 제공하는 시설은 8,709개소, 주·야간보호서비스 제공 시설은 1,321개소, 단기보호서비스를 제공하는 시설은 234개소, 방문목욕서비스 제공시설은 7,162개소, 방문간호서비스 제공시설은 692개소, 복지용구서비스를 제공하는 시설은 1,387개소로 나타났다.

요양보험의 수급자는 2008년 도입 시 전체 노인인구의 3% 수준인 17만명 정도로 출발하였으나 2011년 말 현재 5.7%인 47만 8천여 명으로 늘어났다. 일반 국민이 37만여 명, 기초생활보장 수급자가 10만 2천명, 의료급여 수급자가 6천여 명으로 나타났다.

제도의 도입 후 간호사와 요양보호사 등 약 21만명의 일자리가 새로 생겼으며 요양시설도 4천여 개소로 급증하였다. 보건복지부에 따르면 노인장기요양보험의 운영으로 창출된 부가가치는 2011년 6.9조원으로 추정하고 있으며, 장기요양 서비스를 이용한 자가 이용하지 않은 자보다 1인당 진료비를 418만원까지 적게 사용한 것을 나타나 2009년 기준으로 9,900 여억 원의 건강보험 급여비 지출 감소에 기여한 것으로 보고 있다.

제5장

공공부조에 대하여

공공부조는 세금을 재원으로 하는 저소득층을 위한 프로그램을 말한다. 우리나라는 최근 잠재성장률의 하락, 고용 없는 성장, 고령화 등으로 빈곤지표는 계속 정체되고 있으며, 중산층(중위소득 50~150%) 비중도 2001년 70.4%에서 2011년 66.7%로 감소하고 있다. 소득이 최저생계비 이하인 절대빈곤 인구도 2012년 약 480만명 수준으로 추산하고 있다.

연도별 빈곤률 추이

(단위 : %)

구 분	'06	'07	'08	'09	'10	'11
절대 빈곤률 (최저생계비 이하)	6.8	7.0	7.0	7.0	6.3	6.3
상대 빈곤률 (중위소득 50% 이하)	12.8	13.1	12.9	12.8	12.1	12.3

* 자료: 통계청 「가계동향조사」원자료, 농어가 가구 제외, 경상소득 기준

일하면서도 가난한 근로빈곤층도 11.4%로 상당한 규모이며, 일하는 기초생활 수급자의 경우 임시직과 일용직 비율이 높아 고용형태가 불안하며 고용의 질도 낮다. 2010년 복지패널조사결과에 따르면 빈곤층에게 생계, 의료, 자녀지원(교육) 순으로 지원이 필요한 것으로 나타났다. 일을 통한 탈빈곤과 중산층 복원이 중요한 과제로 등장하였다.

Economist(2013년 6월 첫 주) 보도에 따르면 1990년 19억 명(세계인구의 43%)의 빈곤인구가 2010년 12억 명 (21%)으로 줄었다. 1990년 당시 절대빈곤기준은 하루 1$ 이하로 생활하는 것이었으나 2010년은 1.25$로 바뀌었다. 바뀐 기준은 2005년 가장 가난한 15개 국가의 빈곤선 평균값으로 구매력 차이를 조정한 결과이다.

2000년 9월 147개 국가수반이 세계 절대빈곤률(1990년 기준)을 2015년까지 절반으로 낮추겠다고 한 약속을 5년 먼저 달성하였다. 유엔이 설정한 새천년개발목표 (MDG: Millenium Development Goals)의 하나를 달성하는 인류역사상 획기적인 업적을 이루었다.

1798년 맬서스가 인구론을 주창한 이래 빈곤은 인류의 최대 기본적 문제가 되었으나 대부분의 국가에서 빈곤은 문제가 아니라 늘 존재하는 바꿀 수 없는 사실이었다. 인도의 바이오메트릭 스마트카드와 같은 신기술 등장으로 빈곤층 개개인을 파악하는 것이 가능해져 앞으로 빈곤은 이제 부족의 문제라기보다는 파악, 타게팅, 분배의 문제가 되어 해결 가능한 문제로 보고 있다.

18. 저소득층의 생활보장에 대하여 (국민기초생활보장/차상위계층지원/긴급지원)

국민기초생활보장제도는 스스로의 힘으로 생활하기 어려운 극빈층 국민들에게 생계, 주거, 의료, 교육 등의 급여를 세금을 재원으로 제공하여 최저생활을 할 수 있도록 보장하는 공공부조제도이다. 1961년 생활보호법이 만들어져 시행되어 왔으나, 1997년 경제위기가 발생하여 늘어난 실업자와 빈곤인구의 사회안전망을 강화하기 위하여 1999년 7월에 새로운 국민기초생활보장법이 제정되었고 2000년 10월부터 시행이 되었다. 새로운 법의 시행으로 과거 제외되었던 근로능력이 있는 자도 빈곤선 이하의 국민은 최저생활을 보장받고 자립을 위한 자활지원서비스를 받게 되었다.

국민기초생활보장 수급자로 선정이 되려면 부양의무자가 없거나, 부양의무자가 있어도 부양능력이 없거나 부양을 받을 수 없는 자로서 가구의 소득인정액이 최저생계비 이하이어야 한다. 2011년의 경우 4인가구의 최저생계비는 1,439천원(2013년: 1,546천원 / 2014년: 1,631천원)으로 147만명이 기초수급자로 인정되었다. 수급자 147만명(전체인구의 2.9%)은 노인·아동·장애인등 시설에 있는 9만명과 일반가구 138만명으로 구성되어 있다. 같은 해 생계, 주거, 교육, 해산, 장제급여비로 총 3조 2천억원의 예산이 편성되었다.

기초수급자로 인정을 받으려면 자산조사와 부양의무자(인적조사) 기준에 맞아야 한다. 자산조사 기준은 가구의 월 소득인정액이 가구별 최저생계비 이하이며, 소득인정액은 소득 평가액과 재산의 소득환산액을 합한 금액이다.

소득평가액은 실제소득에서 가구특성별 지출비용과 근로소득공제를 차감한 금액이며, 재산의 소득환산액은 재산에서 기본재산액과 부채를 차감한 금액에 소득환산율을 곱한 금액이다.

부양의무자는 1촌 이내의 직계혈족(부모 또는 아들, 딸과 그 배우자인 사위, 며느리)이며, 부양의무자 기준은 부양의무자가 부양능력이 없거나, 있어도 미약한 경우이다. 부양능력이 미약한 경우란 2012년 현재 부양의무자의 소득이 최저생계비의 130% 이상에서 부양의무자와 수급자의 소득을 합한 금액이 최저 생계비의 185%이하인 경우이다.

기초수급자(2012년 말 현재 1,394천명 / 822천 가구)로 선정이 되면, 2013년 기준으로 생계와 주거급여로 4인가구의 경우 월 소득인정액이 없으면 최저생계비 1,546천원에서 다른 법에 의한 급여를 제외하고 월 1,266천원의 현금을 지급받으며, 1인 가구(최저생계비 572천원)는 월 468천원을 지급받는다.

2011년 결산기준으로 수급자 1인당 평균 생계급여 연간수급액은 276만원 (월23만원)이었다. 수급자 중 고등학생이 있으면 입학금 및 수업료 전액과 교과서대 (1인당 119천원/연1회)를 지원받으며 초·중등생은 학용품비(학기당 25천원)와 부교재비(36천원/연1회)를 지원받는다.

아울러 공공부조에 의한 의료보장으로 의료급여법에 따라 근로무능력 세대는 의료급여 1종, 근로능력세대는 2종의 혜택을 받게 된다. 1종 의료급여 대상자는 외래진료시 무료 혹은 2,000원의 본인부담이 있으나 입원진료는 무료이다. 2종 의료급여 대상자는 외래진료 시 1천원에서 1,500원 또는 진료비의 15%를 부담하며, 입원진료 시 진료비 10%를 부담한다.

근로능력이 있는 기초수급자(26만4천명/ 전체수급자의 18%)는 자활근로에 참여하여 유형별 월 53만원에서 82만원의 소득을 얻을 수 있다.

기초생활보장 수급자에게 여러 가지의 감면제도가 시행되고 있다. 2012년 기준으로 살펴보면 주민세(개인균등할) 비과세, TV수신료 면제, 가구당 월 8천원 전기요금 할인, 주민등록증재발급·등초본 발급 수수료 면제, 유선전화 가입금·이전비 면제와 기본요금 감면, 이동전화 가입비·기본료 면제와 통화료 50%감면, 인터넷 접속서비스 월 접속료 30% 감면, 자동차검사 수수료 면제, 그리고 상하수도 요금 감면 등이 있다.

기초수급자는 감면 이외에 추가로 받고 있는 지원으로 방과 후 학교에서 운영되는 프로그램 무료수강권(1인당 연간 30만원), 성적요건이 충족되는 대학생 학자금지원 (1인당 300여만원), 학교 급식비(1인당 최대 45만원), 임대주택 혹은 전세주택 공급(시세대비 30% 낮은 수준으로 공급 빛 관리비 지원), 자가주택 개보수 지원 (1인당 최대 600만원) 등이 있다.

우리나라 정부는 그동안 사회보험과 공공부조제도의 확충으로 국민의 복지수준 향상을 위하여 노력을 해왔으나 1997년 IMF 경제위기 이후 빈곤층은 늘어나는 추세에 있다. 2012년 현재 최저생계비 미만 소득의 절대빈곤 인구가 약 480만명(전체인구의 9.6%)이며, OECD기준의 상대빈곤율(중위소득의 50% 미만)은 OECD회원국 평균 10.58%보다 더 높은 14.3%로 나타났다. 같은 해 중산층(중위소득 월 소득 350만원의 50~150%, 175만원~ 525만원)은 67.7%로 1990년의 75.4%, 2000년의 71.7%보다 그 비중이 감소하고 있다.

기초생활보장 수급자를 넓히기 위하여 부양의무자 기준을 완화해왔으나 여전히 비수급 빈곤층이 상당수 존재하며, 임시·일용·단기고용 등 근로빈곤층의 경우 공공부조와 사회보험을 동시에 받지 못하는 사각지대에 놓여있다. 많은 전문가들이 앞으로도 상당시간 경제의 어려움이 지속될 것으로 예상하고 있어 중산층의 감소, 고용불안 심화, 가계부채의 급증 등으로 취약계층이 증가할 것으로 우려된다.

정부에서는 최저생계비를 3년마다 실태조사 후 인상하고 있으며 실태조사를 하지 않은 해는 물가인상률을 반영하여 최저생계비를 인상하는 한편 부양의무자 기준을 지속적으로 완화하여 그 대상자를 넓혀 적정보장을 노력하고 있다. 아울러 근로능력이 있는 기초수급자의 자립을 돕기 위하여 여러 가지 자활사업을 추진하고 있으며, 기초수급자 이외의 어려운 국민들을 보호하기 위하여 차상위계층 지원사업과 긴급지원제도를 운영하고 있다.

자활사업은 2000년 국민기초생활보장법이 시행되면서 그동안 공공부조 적용을 받지 않았던 근로능력 있는 사람도 자활사업을 참여하는 조건으로 기초생활수급자에 포함되면서 제도화되었다. 2012년 말 현재 139만명의 기초수급자 중 근로무능력자는 117만명이며, 근로능력자는 22만명으로 그 중 자활사업참여자는 9만8천여명으로 자활근로, 희망리본 그리고 희망키움통장 사업에 참여하고 있다.

2012년 현재 자활사업에 참여한 기초수급자 중 탈 수급하였거나 취업·창업에 성공한 비율은 28.3%로 나타났다. 2009년부터 기초수급자와 차상위자를 대상으로 취업지원 프로그램인 희망리본사업(보건복지부)과 취업성공패키지사업(고용노동부)을 실시 하고 있으며 정부에서는 복지와 고용간 연계를 강화하기 위하여 두 사업의 연계·조정을 추진하고 있다.

차상위계층은 기초수급자가 아니면서 소득인정액이 최저생계비의 120%이하인 계층 (2010년 한국보건사회연구원 실태조사; 68만명)과 소득인정액이 최저생계비 이하이면서 부양의무자 기준으로 인하여 기초수급자로 선정되지 못한 비수급 빈곤층 (117만명)을 말하고 있으며, 2010년 186만명이 있는 것으로 추정하고 있다.

차상위계층에 해당하는 경우 시·군·구청(희망복지지원단)과 주민센터를 통하여 건강보험 본인부담경감, 자활급여, 장애수당, 한부모가족 지원, 영구임대주택, 대학등록금, 방과 후 학교, 전기·가스요금 감면, 문화바우처 등의 혜택을 받을 수 있다. 정부와 공공기관의 지원 이외에 지자체나 민간단체의 지원을 별도로 받을 수도 있다.

긴급복지지원제도는 가장이 사망, 가출, 중한 질병·부상, 휴·폐업, 실직, 구금시설 입소, 노숙 등에 처해 있거나 가족구성원이 방임·유기·학대를 당하거나 화재로 주거를 상실하여 생계가 어려운 위기상황에 처한 저소득층을 우선 발굴하여 생계, 의료, 주거비 등을 우선 단기간(1~6개월) 지원하는 응급복지 지원제도이다.

2004년 대구시 불로동에서 5세 남자 아이가 사망한 채 장롱에서 발견된 사건이 발생하였다. 아동의 가정은 생활고와 질병으로 어려움이 있었으나 외부에 적극적으로 도움을 신청하지 않았고 주위에서도 구청이나 주민센터에 미처 알리지 못한 사건으로, 이 사건이 제도의 도입배경이 되어 2005년 12월에 긴급복지지원법이 제정되어 2006년 3월부터 시행이 되었다.

2012년 기준으로 위기사유에 해당이 되면 생계비로 4인가구의 경우 1,009천원과 주거비 555천원을 지원받을 수 있으며, 300만원 이내의 의료비(본인 부담금과 비급여의료비), 초중고생의 경우 19~37만원의 교육비를 지원받을 수 있다.

긴급지원요청을 시·군·구청(희망복지지원단)과 주민센터에 하면 현장확인 후 선지원을 하며 사후에 소득과 재산을 조사하여 부적정하다고 판단되면 지원을 중지하거나 비용반환을 추진한다. 2012년도의 경우 긴급지원제도를 통하여 5만 4천여 명이 지원을 받았으며 347억원의 예산이 집행되었다.

국민기초생활보장제도는 기초수급자로 인정이 되면 생계·주거·교육·의료·해산·장제·자활 7개 급여를 일괄 지급하는 통합급여방식이다. 이러한 급여체계는 수급자와 차상위계층간 형평성 논란을 일으키고 있으며 수급자가 일을 통하여 벗어나려는 유인을 없애고 있다는 비판을 받고 있다.

즉 소득이 증가할수록 현금급여가 감소하므로(보충급여) 일할 능력이 있는 수급자에게 근로유인이 적으며, 탈수급시 모든 기초급여와 각종 부가혜택이 중지되어 오히려 가처분소득이 감소하는 소득역전으로 탈수급을 기피하는 현상이 발생하고 있다.

이러한 결과로 기초수급자 중 취업자가 2001년 약 21만명(15.4%)에서 2012년에는 약 15만명(10.6%)으로 줄었다. 탈수급자의 평균 수급기간은 약 34개월로 주로 3년 이내에 탈수급이 이루어지며, 수급자의 27%(23만 가구)가 10년 이상 수급자로 보호를 받고 있다.

이러한 비판에 대응하여 정부에서는 기초수급자가 근로나 사업으로 소득이 증가하여 수급자에서 탈피하는 경우, 이행급여로 2년간 교육급여와 의료급여를 제공하여 안정적인 빈곤탈출을 돕고 있다. 2013년 2월 박근혜정부의 인수위원회는 맞춤형 복지의 일환으로 개

별급여체계로 개편을 추진할 계획임을 발표하였다.

　동 계획에 따르면 2014년 하반기부터 차상위계층의 개념을 최저생
계비 120%이하 기준에서 중위소득 50%이하를 상대적 빈곤층으로
규정하여 급여별 별도의 선정 기준에 따라 생계급여 이외의 개별급
여를 지급한다고 한다.

이야기 25

　　　서울특별시는 2012년 10월 22일 서울시민 복지기준
을 발표하였다. 소득, 주거, 돌봄, 건강, 그리고 교육 5개 분
야에 서울시 최저기준과 적정기준을 동시에 제시하고 있다.

　예를 들어 소득분야에서 2012년 국가의 최저생계비 기준(4인 가구)
인 1,496천원보다 높은 1,738천원을 최저기준으로, 그리고 적정기준
을 서울시 전체가구 중위소득의 50%이상으로 보고 있다. 주거분야는
임대료 비중이 소득의 30%를 넘지 않는 것을 최저기준으로 임대료가
소득의 25%를 넘지 않고 4인 표준가구가 54㎡ 정도의 주거공간을 확
보하는 것을 적정기준으로 제시하였다.

　서울특별시는 2013년부터 2018년까지 소득분야 12개, 주거분야 20
개, 돌봄분야 21개, 건강분야 23개, 교육분야 26개 사업을 추진하며
연도별 사업별 소요예산과 추진목표를 설정하고 있다.

19. 노후생활의 경제적 지원(기초노령연금)

기초노령연금제도는 공공부조의 하나로 생활이 어려운 노인에게 기초노령연금을 지급하여 노후생활의 안정을 도모하는 것을 목적으로 2008년 1월 기초노령연금법의 시행과 함께 도입되었다.

당시 국민연금 가입자 중 500만명의 납부예외자가 있어 그들이 노후 소득보장의 사각지대에 놓일 위험에 있었고, 1998년 국민연금을 전 국민에게 확대할 때 65세가 넘어 국민연금에 가입할 수 없는 노인들을 대상으로 도입된 경로연금(총 55만명 지급: 기초수급자는 월 4~5만원, 기초수급자가 아닌 저소득 노인은 월 1만5천원~ 2만원)이 너무 적은 금액으로 생활안정에 큰 도움을 줄 수 없어 경로연금이 폐지되면서 기초노령연금이 도입되었다.

즉 기초노령연금은 국민연금 도입 당시 나이가 많아 가입이 어렵거나 소득이 적어 가입하지 못한 사람들의 노후소득 보장책으로 시작되어 국민연금의 노후소득 보장 기능을 보완하고 있다고 볼 수 있다.

2013년 현재 지급대상은 만 65세 이상 전체 노인인구의 70%이며, 가구별 소득·재산 환산액이 단독가구는 월 83만원(2014년: 87만원), 부부가구는 월 133만원(2014년: 1,392천원) 이하여야 한다. 기초노령연금액은 국민연금 전체 가입자의 최근 3년간 월평균소득(A값)의 5% 수준이며, 2013년 4월부터 2014년 3월까지 배우자가 없는 노인 단독가구는 소득인정액에 따라 월 최소 2만원에서 최대 96,800을, 노인부부가구는 월 최소 4만원에서 최대 154,900원을 지급받는다. 장애인연금 수급자 중 기초노령연금 지급대상자에게는 장애인연금 기초급여를 지급하지 아니한다.

소요재원은 전액 조세인 국비와 지방비로 충당되며, 국고보조금을 시군구별 노인인구와 재정여건을 고려하여 40~90%를 차등지원하고 있다. 2012년의 경우 평균보조율이 74.5%이었으며, 국고(2조 9,857억원)와 지방비(1조 220억원)를 합하여 4조 77억원이 소요되었다. 2012년 기초노령연금을 받은 노인은 393만명으로 전체 노인의 65.8%이다.

이야기 26

2013년 2월 출범한 박근혜정부는 "편안하고 활력 있는 노후생활보장" 국정과제 속에 기초연금제도 도입을 포함하여 추진하고 있다. 현재의 기초노령연금제도를 기초연금제도로 전환하여 국민연금과 관리와 운영을 통합하는 내용으로 소요재원은 세금으로 조달한다. 각계가 참여하는 국민행복연금위원회의 논의를 거쳐 구체적인 방안을 마련하여 2014년 하반기에 시행하는 것을 목표로 하고 있다.

20. 장애인의 생활안정을 위한 지원 (장애인연금/장애수당)

정부에서는 중증의 장애로 일하기 어려워 생활이 곤란한 장애인에게는 장애인 연금을, 경증의 장애인(아동장애인)에게는 장애수당(장애아동수당)을 지급하고 있다.

2010년 7월에 도입된 장애인연금은 장애등급 1급, 2급 그리고 3급 중 중복 장애인에게 본인과 배우자의 재산과 소득을 합한 금액(소득인정액)이 일정기준 이하인 자에게 매월 일정액의 연금을 지급한다.

2013년 4월부터 소득인정액이 단독가구는 월 58만원, 부부가구는 월 92만8천원 이하인 경우 장애인연금 기초급여로 매월 94,600원을 지급하고 있다. 기초급여 금액은 국민연금가입자의 최근 3년간 월평균소득(A)값의 5%에 해당한다.

장애인연금 수급자로 선정되면 기초급여와 함께 부가급여로 18~64세인 기초생활수급자는 월 8만원, 65세 이상인 기초수급자는 월 17만원을 지급받으며, 차상위계층은 월 7만원을 지급받고, 차상위초과 계층으로 18~64세는 월 2만원, 65세 이상은 월4만원을 부가급여로 받고 있다. 2012년 말 기준으로 30만 6천명의 중증장애인에게 장애인연금 4,378억원(국고와 지방비 포함)이 지급되었다.

2013년 현재 18세 이상 기초수급자와 차상위계층인 경증장애인(3~6급)은 월 2~3만원의 장애수당이 지급되며, 18세 미만의 중증아동장애인은 기초수급자인 경우 월 20만원을, 차상위계층인 경우 월 15만원을 지급받으며, 보장시설에서 생활하는 경우 월 7만원을 지급받고 있다.

기초수급자 혹은 차상위 경증장애아동은 월 10만원을 지급받으며, 보장시설에서 생활하는 경우 월 2만원을 지급받고 있다. 2012년 말 기준으로 31만 5천명의 장애인에게 장애수당 1,189억원(국고와 지방비 포함)이 지급되었고, 2만 3천 명의 장애아동에게 장애아동수당 412억원(국고와 지방비 포함)이 지급되었다.

21. 저소득층의 의료보장에 대하여(의료급여제도)

정부에서는 전 국민에 대하여 건강보장제도를 운영하고 있다. 일정한 소득이 있는 일반 국민과 그들의 부양을 받고 있는 가족들은 건강보험제도에 따라 건강 보험료를 부담하고 보험원리에 따라 보험급여를 받고 있다.

최저생계비 이하의 소득이 있는 저소득층 국민은 국민기초생활보장제도에 따라 세금을 재원으로 하는 기초생활(소득)보장과 의료보장을 받고 있다.

과거 의료보호법에 의한 의료보호 사업이 시행되었으나, 2001년 시행된 의료급여법에 따라 기초생활보장 수급자와 이재민, 북한 이탈주민 등에 대하여 낮은 수준의 본인부담을 제외하고 진료비를 국가에서 지불하고 있다.

2012년 말 현재 151만명이 의료급여 수급자이다. 전체 수급자 중 139만명의 기초수급자가 대부분을 점유하고 있으며, 아동·노인·장애인 등 시설생활자 약 9만명 (기초수급자), 국가유공자 약 8만명, 북한이탈주민, 인간문화재, 광주민주화 유공자, 이재민, 의사상자, 입양아동, 의귀 난치병 질환자, 만성병질환자도 포함되어 있다.

의료급여 수급권자 현황

구분	국민기초생활보장법에 의한 수급권자 ('12년말 1,392천명)	국민기초생활보장법 이외의 타 법에 의한 수급권자 ('12년말 115천명)
1종	– 국민기초생활보장 수급권자 중 근로능력이 없는 자만으로 구성된 가구 – 18세 미만, 65세 이상 – 중증장애인 – 임산부, 병역의무이행자 등	– 이재민(재해구호법) – 의상자 및 의사자의 유족 – 국내 입양된 18세 미만 아동 – 국가유공자 및 그 유족·가족 – 중요무형문화재 보유자 및 그 가족 – 새터민(북한이탈주민)과 그 가족 – 5·18 민주화운동 관련자 및 그 유가족 – 노숙인 ※행려환자 (의료급여법시행령)
2종	– 국민기초생활보장 수급권자 중 근로능력이 있는 가구	–

의료급여 수급권자는 1종과 2종으로 구분되는데 진료비 본인부담에 차이가 있다. 1종 의료급여 대상자는 18세 미만 아동과 65세 이상 노인 등 근로무능력 기초수급자와 위에 열거한 타법의 의한 대상자가 되며, 2종 의료급여 대상자는 18세 이상 65세 미만인 기초수급자로서 근로능력이 있는 자이다.

2012년의 경우 1종 대상자는 106만명, 2종 대상자는 46만명이었다. 1종 대상자는 입원은 무료이며 외래는 1천원에서 2천원의 본인부담금을 병·의원에 부담하며, 2종 대상자는 입원시 진료비의 10%를 부담하고 외래는 진료비의 15%를 부담한다.

1종과 2종 대상자 똑같이 약국이용 시 500원을 부담한다. 의료급여의 진료비와 약값은 건강보험수가를 준용하며, 진료비를 건강보험심사평가원에서 심사하고 그 결과에 따라 병·의원에 진료비를 국민건강보험공단에서 지급한다.

의료급여 수급자 종별 본인부담 수준

구분		1차 (의원)	2차 (병원, 종합병원)	3차 (지정병원)	약국
1종	입원	없음	없음	없음	-
	외래	1,000원	1,500원	2,000원	500원
2종	입원	10%	10%	10%	-
	외래	1,000원	15%	15%	500원

진료비 지급을 충당하기 위하여 시·도에 일반회계와 구분하여 의료급여기금을 설치·운영하고 있다. 의료급여기금은 국고보조금과 지방자치단체의 출연금으로 조성된다. 2011년의 경우 1종 진료비로 4조 4,843억원이 지급되었으며 2종 진료비로 6,579억원의 진료비가 지급되어 총 5조 1,423억원의 진료비가 발생되었다.

같은 해 의료급여 국고예산이 3조 6,718억원으로 6,270억원의 진료비 미지급금이 발생하였다. 저소득층의 생계보장을 주로 하는 기초생활보장 예산(2011년 3조 2,600억원)보다 건강보장을 위한 의료급여 예산이 더 많다. 2013년 보건복지부의 예산은 41조 673억원이며, 이 중 기초생활보장 예산은 8조 5,532억원(의료급여 예산 4조 3,934억원 포함)에 이른다.

의료보장을 이용하여 병원을 집 삼는 사람들이 있다. 2013년 4월 감사원이 발표한 고령사회대비 노인복지시책 감사결과에 따르면 2012년 1월~3월 동안 요양병원에 입원한 환자 10만 8천여명(정신장애 5만여명 제외) 중 3만 1천여명(28.8%)이 사회적 입원 범주에 드는 것으로 나타났다.

사회적 입원이란 병원을 치료공간이 아니라 생활 장소로 삼아 입원한 것을 말한다. 기초생활 수급자의 경우 1종 의료급여 대상자로 요양병원에 입원하더라도 본인부담(월 49만원)을 내지 않으며 식비만 월 6만원 부담한다.

건강보험 적용 대상자도 비보험진료비와 간병비를 제외한 본인부담 상한제로 연간 200~400만원을 부담하면 된다. 퇴원하면 오갈 데가 없거나 돌보아 줄 가족이 없는 노인들은 요양병원에 입원하면 겨울에 추위 걱정 필요가 없고 의식주가 해결되며 의사와 간호사가 돌보아 준다.

이들은 의료처치가 거의 필요 없어 요양시설(요양원) 입소가 적합한데, 요양병원에 장기 입원함으로써 건강보험재정에서 2,083억원을 추가 부담하는 것으로 감사원은 지적했다.

제6장

아동·노인·장애인복지와
사회서비스에 대하여

22. 저출산·고령화에 대하여

우리나라는 빠른 인구 고령화 속도와 저출산으로 사회의 지속가능성에 대한 우려가 커지고 있다. 우리나라는 2000년에 65세 이상 노인인구가 전체인구의 7%를 넘었다. 2017년에는 노인인구가 전체인구의 14%를 넘고, 2026년에는 노인인구가 전체인구의 20%에 달할 것으로 보고 있다.

이러한 추세라면 우리나라가 주요 선진국의 인구 고령화 속도 중에서 가장 빠른 고령화 속도를 보이고 있다. 노인인구가 전체인구의 7%에서 14%를 넘는데 소요되는 기간이 일본 12년, 독일 37년, 이탈리아 20년, 미국 21년, 프랑스 39년인 반면에 우리나라는 9년이 소요되는 것으로 나타났다.

1970년에는 약 100만명의 신생아가 출산되었으나 2010년에는 약 47만명으로 신생아 출산이 급감하였고, 1970년 65세 이상 노인인구는 146만명(전체인구의 3.1%)이었으나 평균수명의 연장과 함께 2010년은 536만명(전체인구의 11%)로 급증했다.

1983년 우리나라 가임여성의 합계출산율이 인구대체수준(2.1명)이하로 떨어진 이후 계속하여 출산율이 하락하여 2005년 세계최저수준인 1.08명까지 하락을 하였다. 2011년 장래인구 추계결과 2017년부터 생산가능인구의 감소가 시작되고, 같은 해 노인인구는 712만명이 되어 유소년(0~14세) 인구 684만명을 넘어서는 것으로 나타났다.

120년 역사를 지닌 서울 도심의 교동초등학교의 경우 2013년 3월 입학생은 21명으로 전교생이 107명에 불과하다. 저출산으로 신입생이 한 명도 없는 초등학교가 많으며 농어촌뿐만 아니라 도심공동화 현상이 더해져 도시지역에도 폐교위기에 몰린 초등학교가 늘어나고 있다.

저출산은 실업, 미혼여성과 만혼의 증가와 자녀 양육부담 등에 기인하고 있는데 2013.4.10 보건복지부와 한국보건사회연구원이 발표한 '2012 결혼 및 출산동향 조사' 결과에 따르면 부모가 자녀 1명을 나아 대학을 졸업시키는 데까지 3억 896만원이 드는 것으로 나타났다.

성장과정에 따라 드는 금액은 0~2세 영아기에 3,064만원, 3~5세 유아기에는 3,686만원, 6~11세 초등학교 기간은 7,596만원, 12~14세 중학교 기간은 4,122만원, 15~17세 고등학교 기간은 4,719만원, 그리고 18~21세 대학교 기간은 7,709만원이 들며 재수, 휴학, 어학연수 비용은 제외되었다.

한편 결혼을 반드시 하거나 하는 편이 좋다고 응답한 미혼여성은 56.7%로 2009년보다 6.5%가 줄었다. 결혼을 기피하는 이유는 고용불안정과 결혼비용부담이 큰 비중을 치지하고 있는데 남성의 결혼비용은 7,545만원, 여성의 결혼비용은 5,226만원이 드는 것으로 조사되었다.

저출산과 고령화 현상으로 생산가능인구가 감소하고 평균근로 연령이 높아지면서 저축·소비·투자 위축 등으로 경제 활력이 떨어지고 국가경쟁력이 약해질 것으로 전망하고 있다. 한국개발연구원(KDI)은 우리나라의 잠재경제성장율이 2011~2020년에는 연평균 3.8%를 기록하겠지만 2021~2030년에는 2.9%로 2031~2040년에는 1.9%로 하락할 것으로 전망하고 있다.

정부에서는 저출산·고령화에 효과적으로 대응하기 위하여 2005

년 5월 저출산 고령사회기본법을 제정하여 시행하였다. 출산과 양육에 유리한 사회 환경을 만들고 고령사회에 대비하고자 저출산고령사회기본계획을 2차(1차: 2006~2010, 2차:2011년 ~2015)에 걸쳐 수립하여 여러 정부부처와 지방자치단체에서 다양한 시책을 추진하고 있다.

대책은 아이를 낳고 기르기 좋은 여건을 만들기 위한 출산시 장려금 지급·난임부부 최외수정과 인공수정 시술비 지원과 같은 임신·출산 지원책, 근로자의 육아휴직 장려·직장 내 보육시설 설치 등과 같은 일과 가정의 양립을 위한 장려 시책들을 포함하고 있다.

동시에 건강하고 안정된 노후생활을 위하여 기초노령연금 지급, 노인장기요양보험 운영, 대중교통 편의시설 설치, 노인일자리 마련과 고령자 고용촉진을 위한 임금피크제와 직업능력개발, 그리고 미래성장동력의 하나로 고령 친화산업의 육성을 포함(2006년 고령친화산업진흥법 제정)하고 있다. 정부에서는 2차 저출산고령사회 기본계획 기간 중 총 88조 4천억원(국고와 지방비 포함)을 투자할 예정으로 있다.

합계출산율이 그동안 꾸준히 높아져 2010년은 1.23명으로 늘었고, 2012년은 1.30명이 되었다. 2009년 OECD 회원국의 평균 합계출산율이 1.74명이었다. 2011년 기준으로 우리나라 국민의 기대수명은 80.3세로 OCED 회원국 기대수명 79.5세보다 높다.

2013년 2월 25일에 출범한 박근혜정부는 3013년 5월 28일 국정비전을 '희망의 새 시대: 국민행복과 국가발전이 선순환하는 새로운 패러다임의 시대'로 정하고 4대 국정기조와 14대 추진전략과 140개 국정과제를 발표하였다. 4대 국정기조는 경제부흥, 국민행복, 문화융

성과 평화통일 기반구축이다.

국민행복을 위한 추진 전략으로 맞춤형 고용·복지, 창의교육, 국민안전 그리고 사회통합을 추진한다. 맞춤형 고용·복지의 추진전략에 생애주기별 맞춤형 복지분야 10개 국정과제, 자립지원 복지체계 분야 9개 국정과제, 그리고 저출산 극복과 여성 경제활동 분야 4개 국정과제 총 23개의 국정과제가 포함되어 있다.

저출산 극복과 여성경제활동분야의 국정과제로 행복한 임신과 출산, 안심하고 양육할 수 있는 여건조성, 무상보육 및 무상교육 확대(0~5세), 그리고 여성경제활동 확대 및 양성평등 확산이 포함되어 있다.

이야기 28

시장과 군수들은 관할지역내 출산장려를 위하여 아이를 낳은 부모에게 출산장려금을 자체예산으로 지급하고 있다. 2013년 경기도의 경우 그 최저 지급액이 양주시 30만원이며, 최고 지급액이 양평군 500만원으로 나타났다.

왜 시장과 군수들은 경쟁적으로 신생아 엄마들에게 많은 출산장려금을 지급하고 주민의 수를 늘리려고 애쓸까? 안전행정부에서 지자체에 주는 지원금의 배준기준에 주민 인구수가 있고 다음 선거에 도움이 되기 때문인 것으로 보인다.

　　2013년 6월 유엔 경제사회국이 발표한 세계인구전망 (World Population Prospects: the 2012 Revision)에 따르면 전반적인 출산율 감소에도 불구하고 개발도상국의 인구증가와 기대수명의 연장으로 세계인구가 지속적으로 늘고 고령화도 진전될 것으로 나타났다.

　　세계인구는 2013년 72억명에서 2025년 81억, 2050년 96억에서 2100년에는 109억명에 이를 것으로 예측하였다. 기대수명도 2005~2010년 69세, 2045~ 2050년 76세, 2095~2100년 82세로 전망하였다.

　　선진국에서는 이미 노인(60세 이상인 자)의 수가 아동의 수를 앞질러 2100년에는 아동인구의 약 2.2배가 될 것으로 추정하며, 개발도상국은 노인인구가 현재 전체인구의 약 6%에 불과하나 급격히 증가하여 2100년에는 27%에 달할 것으로 예측하였다.

23. 나라의 미래, 아동에 대한 투자(아동복지)

아동복지법에 따르면 아동이란 18세 미만인 사람을 말한다. 우리 나라는 2012년 현재 49,083천명의 전체 인구 중 9,396천명이 아동으로 19.1%를 차지하고 있다. 아동인구는 1965년 전체인구의 49.5%에서 저출산·고령화의 영향으로 약 60년 만에 20%미만으로 감소를 하였고, 2020년에는 15%수준으로 감소할 것으로 예상하고 있다.

학령인구를 살펴보면 2012년 현재 6~11세 초등학교 아동은 2,940천명, 12~14세 중학교 아동은 1,846천명, 15~17세 고등학교 아동은 2,000천명, 18~21세 대학교 인구는 2,708천명으로 총 9,494천명에 이른다. 청소년은 청소년기본법에 따르면 9세 이상 24세 이하인 자를 말하고 있으며 청소년관련 업무는 여성가족부에서 담당하고 있다.

아동복지정책은 2013년 현재 초등학교 입학 전 영유아를 위한 보육정책(영유아 보육법과 유아교육법)과 부모(보호자)의 보호를 받지 못하고 있는 기·미아, 학대, 방임 아동 등을 위한 아동복지사업 그리고 아동입양정책(입양특례법)으로 구분할 수 있다.

23-1. 보육정책(어린이집)

보육정책은 여성의 경제활동 참가를 촉진하고 저출산 현상에 대응하기 위한 중요시책 중의 하나이다. 여성이 출산 후 안심하고 아이들을 기를 수 있고 경제활동을 계속할 수 있는 환경을 만드는데 경제적인 부담이 적고 안전한 보육시설과 유치원이 중요한 역할을 한다.

과거 직장여성 지원을 위한 탁아사업이 1991년 영유아보육법이 제정되면서 보육사업으로 발전되었고 주관부처가 보건복지부로 일원화되었다. 보육업무가 2004년 6월 여성가족부로 이관되었으나 2008년 3월 이명박 정부가 출범하면서 다시 보건복지부로 넘어왔고, 2009년 9월부터 어린이집(보육시설)에 지원되던 보육료를 부모에게 지원하는 전자바우처(아이사랑 카드)가 도입되었다.

2012년 6월 말 현재 6세미만 영유아 2,792천명 중 1,404천명 (50.8%)은 어린이집을 이용하고 있으며, 609천명(21.8%)은 유치원을 이용하고 있으며, 나머지 779천명 (27.4%)은 어느 시설도 이용하지 않고 있는 것으로 나타났다.

같은 시점에 어린이집은 전국에 41,349개가 있으며 그 중 민간어린이집이 15,192개소로 37%(정원비율 57%)를 점유하고 있다. 다음으로 가정어린이집이 21,949개소(정원비율 23%), 국공립어린이집이 2,166개소, 사회복지법인 운영 어린이집이 1,449개소(정원비율 8.4%), 직장어린이집이 489개소, 부모협동 어린이집이 104개소이다.

2012년 현재 어린이집에 다니고 있는 만 0~2세 어린이와 5세 어린이는 부모의 소득과 관계없이 정부에서 보육료를 지원하고 있다. 만 3~4세 어린이는 부모의 소득인정액이 하위 70%이하인 경우(4인 가구는 월 소득이 524만원 이하) 보육료를 지원한다.

지원액은 0세가 394천원, 1세가 347천원, 2세가 286천원, 3세가 197천원, 4세가 177천원이며, 5세 누리과정은 200천원이다. 5세 누리과정은 초등학교 취학 전 아동들에게 필요한 기본능력과 인성을 기르기 위하여 유치원의 교육과정과 어린이집 보육과정을 통합한 것으로 2011년부터 일원화하였다.

보육료 지원액은 부모가 어린이집에서 아이사랑카드로 결제를 하면 카드사가 어린이집에 지급하고, 시군구청은 위탁자인 한국보건복지정보개발원을 통하여 결제대금을 카드사에게 지급한다. 0~4세의 지원재원은 국고와 지방비이나 5세 재원은 지방교육재정교부금 (교육과학기술부소관)에서 충당된다.

어린이집과 유치원을 이용하지 않는 아동에게 2009년 7월부터 가정양육수당이 지급되었다. 차상위 이하 가구(2012년 기준 4인 가구 월 소득 180만원 이하)가 36개월 미만 아동을 가정에서 양육하는 경우 월 10~20만원을 양육수당으로 지급하였다.

정부에서는 어린이집 종류별로 설치·운영비와 기본보육료 등을 지원하고 있다. 국공립과 법인 어린이집의 경우 건물 신축과 개·보수비를 지원하며 국공립, 법인, 영아전담, 장애아전담, 시간연장, 방과 후 어린이집의 원장과 교육교사 인건비를 일정비율(30~80%) 또는 일정액 (30~120만원) 지원하고 있다.

민간과 가정 어린이집은 인건비 지원 없이 영아 기본보육료 (0세~2세 1인당 월 361천원~115천원)를 지원하고 있으며, 직장어린이집은 노동부에서 고용보험 기금으로 건물 신축비와 인건비를 지원하고 있다.

2013년 2월 출범한 박근혜정부는 2013년 3월부터 보육 국가완전 책임제(무상 보육)를 실시한다. 0~5세 보육료를 국가에서 전액 부담하여 가계 부담을 완화할 계획이다. 어린이집이나 유치원을 이용하지 않는 경우 양육수당을 전 계층에게 확대하여 지원한다.

이에 따라 2013년에 어린이집을 이용하여 보육료를 지원받는 아동은 138만명으로, 집에서 양육하여 양육수당을 지급받게 되는 아동이 120만명에 이를 것으로 추산하고 있다. 2013년 총 258만명의 아동을 위한 보육예산으로 지방비를 포함하여 8조 6천억원이 소요될 것으로 보고 있다.

정부에서 보육시설을 이용하는 경우 만 1세미만 아동은 월 75만 5천원(기본 보육료로 시설지원 36만 1천원+부모보육료 바우처 39만 4천원), 1세 아동은 52만 1천원(시설지원 17만 4천원+바우처 34만 7천원), 2세 아동은 40만 1천원(시설지원 11만 5천원+바우처 28만 6천원), 3~5세 아동은 22만원을 보육료(바우처)로 지원한다.

3~5세 아동의 보육시설 표준보육비용이 2013년 현재 3세는 29만 6천원, 4세는 28만3천원, 5세는 28만 4천원이므로 부모에게 바우처로 지급되는 22만원을 뺀 금액인 3만 3천원에서 5만 5천원을 부모가 민간시설 이용 시 별도로 부담하게 된다. 이외에 보육시설을 이용하는 경우 추가경비로 입학준비금, 현장학습비, 특별 활동비, 차량운행비 등을 부모가 부담할 수 있다.

부모가 집에서 1세 미만 아동을 기르는 경우 월 20만원, 1세 이상~2세 미만 아동은 월 15만원, 만 2세 이상 아동은 월 10만원을 양육수당으로 현금을 지원한다. 2013년 5월 현재 어린이집을 이용하는 아동은 139만 8천명이며, 양육수당을 지원받고 있는 아동 수는 91만명으로 나타났다.

보육사업의 경우 일부 어린이집에서 아동을 학대·방임하는 사례, 안전사고와 허위로 아동과 보육교사 수를 부풀려 정부지원금을 타내는 일들이 문제가 되고 있다. 무상보육의 실시로 어린이집 이용 아동이 급증하여 동일한 보육료를 받으며 상대적으로 오랫동안 보호를 해야 하는 맞벌이 부부의 어린이를 잘 받아주지 않는 어린이집들이 나타나고 있다.

또한 일부 민간 어린이집에서 보육료 이외의 현장 학습비, 입학비, 영어 미술과 같은 특별활동비 등 명목으로 부모에게 과도한 부담을 주는 경우가 있어 부모들이 민간시설보다 국공립 어린이집을 선호하고 있다.

이야기 30

　　　　　보육시설과 유치원을 이용하지 않고 집에서 보호하는 영유아를 할머니가 돌보는 경우가 많다. 2012년 한국여성정책연구원이 수도권에서 손자를 돌보는 300명의 여성노인을 조사한 결과에 의하면 손자양육시간이 1주일에 47.2시간으로 5일 기준 하루 약 9시간 중노동을 하고 있으며, 자식들로부터 용돈으로 평균 37만원을 받고 있는 것으로 나타났다.

맞벌이 가정이 늘면서 할머니들이 자식들의 손자를 돌보며 살림까지 맡는 경우가 많아 육체적으로 정신적으로 힘든 노후를 보내고 있는 것이 우리나라 고령화 사회의 한 모습이다.

23-2. 아동복지사업(지역아동센터, 학대예방 등)

아동복지법에 따르면 아동이 행복한 삶을 누릴 수 있는 기본적인 여건을 조성하고 조화롭게 성장·발달할 수 있도록 하기 위한 경제적·사회적·심리적 지원을 아동 복지라고 정의하고 있다. 아동이 부모와 가족의 사랑 속에서 건강하고 행복하게 자랄 수 있도록 하는 것이 가족·사회·국가의 책임이라고 할 수 있으나 최근 경제위기, 실업자 증가, 가족해체 등에 따라 사회와 국가의 보호를 받아야 할 아동들이 증가하고 있다.

정부에서는 주요보호 아동들을 위하여 방과 후 돌봄(지역아동센터와 방과 후 학교), 드림스타트(아동통합서비스), 가정위탁사업, 아동학대예방, 아동복지시설 지원 등을 추진하고 있다. 2011년 기준으로 아동복지분야 예산은 1,750억원(보건복지부 예산: 국고기준)이었다.

방과 후 돌봄 사업으로 국가와 지방자치단체가 **지역아동센터**의 운영을 지원하고 있다. 지역아동센터는 1985년부터 도시빈곤지역과 농산어촌에서 가족의 돌봄을 받지 못하는 아동들에게 식사, 교육, 놀이 등 프로그램을 제공하는 공부방으로 출발하여 2004년 1월 아동복지법에 법정시설로 규정되었다.

가족의 해체나 부모의 경제활동 참가 등으로 가정의 돌봄을 제대로 받지 못하고 방임된 저소득층 아동들이 건강하게 성장할 수 있도록 돕는 커다란 역할을 하고 있다. 2004년 244개 지역아동센터에 대하여 정부에서 월 67만원의 운영비지원이 시작된 이후, 정부의 지원을 받고 있는 지역아동센터는 2013년 현재 3,742개소로 급증되었다.

같은 해 지역아동센터는 이용아동과 종사자의 수에 따라 월 운영비로 380∼520만원의 지원을 받는다. 2011년 기준으로 약 10만 5천명의 아동들이 지역아동 센터를 이용하였다. 정부에서는 운영비지원과 별도로 아동복지교사 2,700여명을 지역아동센터에 파견·근무하도록 그들의 인건비를 지원하고 있다.

드림스타트는 시·군·구청에서 저소득 가정의 아동과 가족, 임산부를 대상으로 사례관리를 실시하여 문제를 조기진단하고 보건·복지·보육·교육 등 서비스를 통합적으로 제공하는 프로그램이다. 지원대상은 기초수급 및 차상위 가정의 만 12세 이하의 아동, 가족과 임산부이며, 드림스타트센터에서 사례별로 건강검진 및 치료지원, 기초교육과 학습지원, 정서지원서비스, 부모교육과 상담 등을 제공한다.

센터는 필요한 경우 아동과 부모를 보건소(병원), 지역아동 센터(공부방), 보육시설, 학교, 사회복지관, 아동보호전문기관 등 지역사회 자원과 연계하여 보호하고 지원한다. 2012년 181개 시·군·구에서 462억원의 예산으로 약 5만의 아동을 대상으로 드림스타트사업을 추진하였다.

가정위탁사업은 18세 미만의 아동 중 부모의 질병, 가출, 학대 등으로 인하여 보호가 필요한 아동을 일시적으로 희망하는 가정에 보호와 양육을 위탁하여 가정적인 분위기 속에서 건전한 사회인으로 성장할 수 있도록 돕는 프로그램이다. 위탁가정은 성범죄, 가정폭력 등 전력이 없어야 하며, 위탁아동을 양육할 정도의 재산이 있어야 하며, 위탁아동이 친자녀 포함하여 4명을 넘지 않아야 한다.

위탁가정은 월 12만원 이상의 양육보조금을 정부에서 지원받으며, 아동은 기초수급자로 선정되어 생계, 의료, 교육 등 급여를 받게 된다. 대리양육(조부모)과 친인척 위탁인 경우 정부로부터 위탁가정에 전세자금도 지원받을 수 있다. 부모나 주위의 도움 없이 실질적으로 가정을 이끌어가고 있는 소년소녀가정의 아동에 대하여 정부에서는 신규 소년소녀가정 지정을 제한하고 가정위탁을 권장하고 있다.

이러한 방침에 따라 2000년 9천여명에 달하던 소년소녀가정의 아동 수가 2011년 1천여명으로 축소되었다. 2011년 15,486명의 아동이 위탁가정의 보호를 받았으며, 그 중 10,205명이 대리양육으로, 4,260명이 친인척위탁으로, 1,021명이 일반위탁으로 구분된다. 가정위탁업무를 지원하는 가정위탁지원 센터가 중앙과 시·도 단위로 18개소가 운영되고 있다.

아동학대예방과 사건처리를 돕는 아동보호전문기관이 2011년 중앙과 지자체에 45개소가 운영되고 있다. 아동보호전문기관은 아동학대의 신고접수, 현장조사, 응급구호, 상담서비스와 아동학대 예방홍보·교육업무를 맡고 있다. 아동학대의 유형은 신체학대, 정서학대, 성학대, 방임, 유기, 중복학대로 나누고 있는데 중복학대와 방임이 가장 많이 차지하고 있다.

아동학대 신고의무자는 교사, 의료인, 시설종사자, 관계공무원이며 2011년 6천여 건이 신고되었다. 신고의무자에 의한 신고는 32.5%이며, 일반인에 의한 신고는 67.5%로 주로 사회복지관련 종사자, 부모, 이웃·친구들이 신고한 것으로 나타났다. 아동학대 신고전화(1577-1391)가 24시간 운영되고 있다.

아동복지시설에 입소하여 생활하는 아동들은 기초생활보장 수급자로 책정되어 생계비와 교육비 지원을 받으며, 시설종사자에 대한 인건비도 정부에서 지원을 하고 있다. 2011년 현재 280개 아동복지시설에 1만 6천여명의 아동이 생활하고 있다. 저출산·고령화 현상에 따라 입소아동과 시설의 수도 감소하고 있다.

정부에서는 가정 같은 환경조성을 위하여 시설의 소규모화를 추진하고 있으며, 아동복지시설을 지역주민과 아동들이 이용할 수 있도록 상담·일시보호·방과 후 교육 등 다양한 기능을 수행할 수 있도록 권장하고 있다.

아동공동생활가정 (그룹홈)은 보호가 필요한 아동에게 가정과 같은 주거여건을 제공하는 시설로 2011년 460개소의 그룹홈에서

2,200여명의 아동을 보호하고 있다. 그룹홈에서 생활하는 아동은 기초수급자로 책정되며, 운영비와 인건비를 정부에서 지원받는다.

시설아동이 18세가 되면 시설을 나오게 되어 이들이 자립할 수 있도록 지원이 필요하다. 시설아동은 만 15세가 되면 **자립지원**계획을 세워 상담, 직업훈련 체험 등을 받게 된다. 시설퇴소 아동은 매년 1천여명으로 시설 퇴소자가 800명, 그룹홈 퇴소자가 200명에 이르며, 지자체에서 자립지원금으로 100~500만원을 지원하고 있다.

2007년 4월부터 정부에서 저소득층 아동의 자립을 지원하기 위하여 자산형성지원 사업으로 **아동발달지원계좌**(Child Development Account: 디딤씨앗 통장)사업을 추진하고 있다. 가입대상은 0~17세까지 복지시설 아동, 가정위탁 아동, 소년소녀가정 아동과 기초수급가정 중 일부 아동이며, 아동이 월 3만원 이하의 금액을 저축하면 정부에서 동일한 금액을 저축하여 18세 이후 자립을 지원한다.

아동저축 3만원과 정부매칭 3만원을 포함하여 매월 6만원을 0세부터 17세까지 저축하는 경우 2,235만원을 수령하게 된다. 2012년 6월 현재 저축실적은 약 1,052억원으로 아동저축액이 587억원, 정부매칭지원액은 465억원에 이른다. 아동은 최대 월 50만원까지 저축할 수 있으나 매칭한도는 3만원으로 제한된다.

기초수급 아동의 경우 1인당 월평균 3만7천원을, 여타 아동은 월평균 3만원을 저축하고 있다. 아동의 적립금은 만기해지가 원칙이며 만 18세 이후 학자금, 기술자격 및 취업훈련 비용, 창업지원금, 주거마련 등에 사용할 수 있다.

이야기 31

2013년 1월 말 경기도 ○○시에서 세 자매에 대한 방임·학대 사건이 언론에 보도되었다. 세 자매는 수년간 친부와 멀리 떨어져 다세대주택 반지하방에서 살았고, 인근에서 따로 살고 있는 계모는 친부로부터 매월 생활비를 송금 받았음에도 오랫동안 제대로 돈도 주지 않고 방임하여 세 자매가 질병과 영양실조가 심각한 상태였다. 발견 당시 셋째는 고관절 골절, 둘째는 허리디스크와 간질 증세가 있었고 취직하려는 첫째를 이상히 여긴 인근의 목사가 주민센터에 신고하여 세상에 알려졌다.

세 자매는 심각한 위기상황에 처해 있었음에도 이웃의 무관심과 행정기관의 사각지대에서 방치되어 있었다. 보도 이후 ○○시 무한돌봄센터에서 통합사례관리회의를 열어 부친과 가구분리 후 세 자매를 기초생활보장 수급자로 책정하였고, 아픈 두 자매는 병원에 입원하여 치료가 진행되었다.

23-3. 아동입양정책

아동복지법은 '아동은 완전하고 조화로운 인격발달을 위하여 안정된 가정환경에서 행복하게 자라나야 한다.'고 규정하며 가정보호 우선의 원칙을 제시하고 있다. 이에 따라 정부에서는 보호가 필요한 아동을 친부모의 품에 보내는 것을 우선으로 하되 귀가조치가 어려운 요보호아동은 입양을 추진토록 하고 있다.

1950년대 6·25 동란 이후 늘어난 고아들에게 새로운 가정을 찾아주는 해외입양이 급증하였고, 2007년 이전까지 전체 입양 중 해외입양이 늘 국내입양보다 많았다. 정부에서는 2007년 요보호아동을 5개월 동안 국내입양을 우선 추진하고 국내입양이 안된 경우 해외입양을 추진하도록 하는 국내입양우선추진제를 도입하여 같은 해 처음으로 국내입양 건수가 해외입양 건수를 추월(52.3%)하였고 그 이후 이러한 추세가 지속되고 있다.

2011년에 입양된 아동은 2,464명이며 그 중 62.8%인 1,548명이 국내로 37.2%인 916명이 국외로 입양되었다. 2011년까지 누적 입양아동은 약 24만명으로 국내입양이 31.6%인 7만6천명이며, 국외입양은 68.4%인 16만4천명으로 절대적으로 해외로 입양된 아동이 많다.

2012년 8월 개정·시행된 입양특례법은 친부모 보호를 위하여 출산 후 1주일 경과 후에 입양동의가 가능하도록 하는 입양숙려제와 가정법원 입양허가제를 새로이 도입하였다. 2013년 현재 정부는 전문입양기관에게 입양, 한 사례당 270만원의 비용을 지원하며, 입양아동이 13세가 될 때까지 매월 15만원의 입양양육수당을 입양가정에게 지원하고 있다.

입양아동은 의료급여 1종 대상자로 보호를 받는다. 2013년 4월부터 보건복지부는 미혼모가 출산예정 40일전에서 입양숙려기간까지 시군구청에 신청하면 아동양육 비용을 모자가족시설 생활자 25만원, 가족 등의 도움을 받는 경우 35만원, 집에서 산후돌봄서비스를 받으면 50만원, 산후조리원을 이용하면 70만원을 지원하고 있다.

이야기 32

2012년은 국내입양아동이 1,125명이었고 국외입양아동은 755명이었다. 개정 입양 특례법이 시행된 2012년 8월 이후는 월평균 25명으로 과거 월평균 120건에서 5건으로 급감을 하였다. 입양이 급감한 것은 미혼모들이 신분노출을 꺼려 입양을 선택하지 않기 때문이라고 한다.

개정법이 잘못이므로 청소년 미혼모의 경우 숙려기간도 없애고 입양기관의 장이 바로 출생신고를 할 수 있도록 법을 고치자는 주장이 있으며, 법 자체는 문제가 없으며 까다로운 절차는 아동의 뿌리를 찾아주는 데 필요하며 친부모가 기를 경우 지원책을 늘리고 이를 알려 미혼부모가 아동을 스스로 기를 수 있도록 해야 한다는 주장이 대립하고 있다.

개정법에 따르면 입양을 하려면 법원에 가족관계등록부를 제출하여야 하는데 가족관계 등록부를 만들려면 출생신고서가 필요하여 미혼모의 인적사항이 가족관계등록부에 오른다. 이 기록은 입양 종료 후 기록이 삭제되어 출생부모의 기록은 나타나지 않는다. 다만 입양아가 자라 친생부모를 찾는 경우 입양기관이나 중앙입양원에 정보공개를 청구한 경우 친생부모가 동의를 하면 공개를 할 수 있다.

이야기 33

아동예산이 노인예산보다 적은 이유를 아동이 투표권이 없기 때문이라는 말이 있다. 아동은 우리의 미래라고 하지만 현실을 냉혹하다. 2013년 보건복지부의 아동담당국 예산은 3,028억원이며, 노인담당국 예산은 아동보다 3배가 넘은 1조 1,006억원이다.

미국의 AARP(은퇴자협회)나 대한노인회와 우리나라 아동단체는 그 영향력에서 비교가 되지 않는다. 예산도 중요하지만 아동들이 밝고 활기차게 자라 마음껏 꿈을 펼칠 수 있는 환경을 만들어주는 것이 우리 어른들의 몫이다.

24. 건강하고 활기찬 노후생활을 위하여(노인복지)

오래 사는 것(長壽: Longevity)이 축복인가 저주인가? 인류사회의 발전과 더불어 사람들의 평균수명이 연장되었고 장수사회가 성큼 우리 앞에 다가오고 있다. 노인들이 빈곤과 질병 속에서 노후를 보낸다면 이는 저주가 될 것이고, 노인들이 건강하고 행복한 노후를 보내면 축복이 될 것이다. 후자가 우리가 바라는 장수사회의 모습이다.

흔히들 은퇴와 실직 후 소득감소로 인한 빈곤(貧苦), 나이 들어감에 따른 질병(病苦), 할 일이 없는 고통(無爲苦), 외로움으로 인한 고통(孤獨苦), 이 네 가지 고통을 노인사고(老人四苦)라고 한다. 노인복지 대책도 이러한 노인들의 네 가지 어려움을 완화하는데 초점을 두고 노후소득보장, 건강보장, 사회참여확대 등을 추진하고 있다.

2012년 현재 우리나라의 65세 이상 노인인구는 589만명으로 전체인구의 11.8%를 점유하고 있다. 통계청의 장래인구추계에 따르면 평균수명연장에 따른 급속한 고령화의 결과로 2020년에는 노인인구가 15.7%로 증가하고 2060년이면 전체인구의 40%를 차지할 것으로 보인다. 2012년 주요국가의 노인인구비율을 살펴보면 일본이 24.3%, 미국이 13.5%, 프랑스가 17.3%, 독일이 20.5%, 스웨덴이 19.2%로 나타났다.

24-1. 노후소득보장

2013.2월 한국보건사회연구원이 발표한 '노인빈곤완화를 위한 노인복지지출과 정책과제' 보고서에 따르면 OECD 30개 회원국의 공공사회복지지출 중 GDP 대비 노인복지지출 비중(2006년~2008년 평균)은 평균 6.8%이었으나 우리나라는 1.7%로 1.1%로 기록한 멕시코

다음으로 꼴찌였다.

2011년 65세 이상 노인 가구 중 중위소득 (가처분소득)의 절반에 미치지 못하는 비율(상대빈곤율)이 45.1%로 회원국 중 압도적으로 1위를 차지했다. 2위인 아일랜드는 30.6%, 3위인 멕시코는 28%로 노인빈곤율이 높았다. 특히 독신(독거)노인의 빈곤율은 76.6%로 OECD 평균 25%보다 세배 이상이었다.

우리나라 노인들은 국민연금의 도입이 다른 선진국에 보다 상대적으로 늦었고, 자녀들의 교육과 결혼 등 뒷바라지에 애쓰느라 대부분 정작 자신들의 노후준비는 거의 못하였다.

2012년 말 현재 우리나라 65세 이상 노인들의 공적소득보장률은 전체노인 598만명 중 약 499만명으로 83.5%에 달한다. 그 중 국민연금 수령자는 184만명으로 30.7%를 차지하며, 공무원연금 수령자는 19만명으로 3.1%, 사학연금 수령자는 2만7천명으로 0.5%, 군인연금 수령자는 4만6천명으로 0.8%를 점유한다.

기초노령 연금 수령자는 391만명으로 65.4%에 이르고 있다. 공적연금과 기초노령연금을 중복하여 수급하는 노인이 101만명으로 17%에 이른다. 공적소득 보장률이 84% 수준으로 높으나 우리나라 노인 빈곤률이 높은 이유는 공무원·군인·사학연금 수령자 (4.4%) 이외의 국민연금과 기초노령연금 수령자들의 연금수령액이 적어 생활비에 충분치 않기 때문인 것으로 보인다.

2012년 국민연금(노령연금) 월평균 수령액은 특례노령연금수급자 포함 시 31만원, 특례자 제외 시 46만원이었고, 기초노령연금 수령액은 최저 2만원에서 최고 15만원이었다.

공적 노후소득 보장률

년도	2003	2004	2005	2006	2007	2008	2009	2010	2011	2012[2]
65세 이상 노인인구 수 A[1]	3,968,118	4,165,974	4,366,642	4,585,752	4,810,363	5,069,273	5,267,708	5,506,352	5,700,972	5,980,060
경로연금 B	620천명 (16.0%)	619천명 (15.0%)	619천명 (14.0%)	613천명 (13.0%)	610천명 (13.0%)	–	–	–		
기초노령연금 C	–	–	–	–	–	2,897,649 (57.2%)	3,630,147 (68.9%)	3,727,940 (67.7%)	3,818,186 (67.0%)	3,909,181 (65.4%)
공적연금 D[3] — 계	486,210 (12.3%)	612,589 (14.7%)	768,085 (17.6%)	935,771 (20.4%)	1,146,999 (23.8%)	1,290,547 (25.5%)	1,453,915 (27.6%)	1,652,221 (30%)	1,846,078 (32.4%)	2,096,786 (35.1%)
공적연금 D[3] — 국민연금	344,616 (8.7%)	458,419 (11.0%)	600,421 (13.8%)	751,897 (16.4%)	944,651 (19.6%)	1,103,007 (21.8%)	1,245,924 (23.6%)	1,428,414 (25.9%)	1,605,957 (28.2%)	1,835,623 (30.7%)
공적연금 D[3] — 공무원연금	72,114 (1.8%)	2,884 (2.0%)	92,782 (2.1%)	104,188 (2.3%)	118,503 (2.5%)	131,483 (2.6%)	146,131 (2.7%)	155,777 (2.8%)	169,984 (3.0%)	188,006 (3.1%)
공적연금 D[3] — 사학연금	8,558 (0.2%)	8,877 (0.2%)	10,305 (0.2%)	13,656 (0.3%)	15,800 (0.3%)	17,673 (0.3%)	21,593 (0.4%)	21,829 (0.4%)	26,560 (0.5%)	27,084 (0.5%)
공적연금 D[3] — 군인연금	60,892 (1.5%)	62,679 (1.5%)	64,577 (1.5%)	66,030 (1.4%)	68,045 (1.4%)	38,384 (0.8%)	40,267 (0.7%)	46,201 (0.8%)	43,577 (0.8%)	46,073 (0.8%)
기초노령연금과 공적연금 중복수급 E	–	–	–	–	–	402,764 (8.0%)	719,559 (13.6%)	823,836 (14.9%)	916,360 (16.0%)	1,014,275 (17.0%)
공적노후소득보장률 (B+C+D–E)/A	1,106,210 (28.0%)	1,231,589 (30.0%)	1,387,085 (32.0%)	1,548,771 (34.0%)	1,756,999 (37%)	3,785,432 (74.6%)	4,364,503 (82.8%)	4,556,325 (82.7%)	4,747,904 (83.3%)	4,991,692 (83.5%)

주1) 65세 이상 노인인구 수 : 2008~행정안전부 주민등록인구통계

주2) 기준 : 각 년도 12월 기준

주3) 각 연금별 집계 연금종류: 국민연금(노령, 장애, 유족), 공무원연금(퇴직, 유족, 장해), 사학연금(퇴직, 유족, 장해), 군인연금(퇴역, 유족, 상이)

참고로 국민기초생활보장 수급자인 노인의 수는 2012년 말 41만명으로 전체 기초수급자 139만명의 29.4%이며, 전체노인의 6.9%에 이른다. 기초수급 노인은 기초노령연금을 받은 금액만큼 생계비 지원액에서 감액을 받기 때문에 중복수급이 금지되어있다.

2012년 우리나라 은퇴자의 평균연령은 53세이며 평균수명은 81세이다. 은퇴 후 30년 이상 되는 노후의 소득보장이 위와 같이 매우 미흡한 상황이다. 기초생활 보장의 생계비, 기초노령연금 혹은 국민연금을 받고 있는 노인들은 많으나 그 수령액이 평균 생활비(2013년 1인 가구 최저생계비: 월 57만2천원)에 못 미쳐 100명 중 45명이 빈곤선 이하에 있는 실정이다.

공적소득보장 시책과 별도로 정부에서는 2004년부터 노인들에 대한 일자리제공 사업을 추진하고 있다. **노인일자리사업**은 보건복지부, 한국노인인력개발원, 지방자치단체가 시니어 클럽, 노인복지회관, 대한노인회 등을 통하여 수행되고 있다.

노인일자리는 공공분야와 민간분야로 분류하고 있다. 공공분야 일자리로는 공익형, 교육형, 복지형이 있으며 민간분야는 시장형, 인력파견형, 창업모델형으로 구분하고 있다. 2011년의 경우 국고지원예산 1,486억원을 통하여 약 22만 5천개의 일자리를 제공하였고 2012년의 경우 1,672억원의 예산으로 비슷한 수의 일자리 제공을 추진하였다.

공익형 일자리는 주로 자방자치단체가 추진하며 거리·자연환경지킴이, 초등학교 급식도우미, 도서관 관리지원 등이 있다. 교육형 일자리는 노인복지관이 추진하는 사업으로 숲생태·문화해설사, 예절·서예·한자강사 등이 있다. 복지형 일자리는 주로 재가노인시설이 운영하며 노(老)-노(老) 케어, 노인학대 예방사업, 보육도우미 등이 있다.

시장형 일자리는 시니어클럽이 추진하는 일자리로 지하철택배, 세탁방, 밑반찬 판매, 재활용품점, 유기농산물판매 등이 있다. 인력 파견형은 노인회 등 다양한 주체가 추진하며 시험감독관, 주유원, 주례사, 가사도우미, 건물관리, 경비 등이 있다. 공모에 의해 사업자를 선정하는 창업모델형 일자리는 실버카페, 실버용품판매점, 떡·한과 제조판매업 등이 있다.

정부에서는 2011년부터 민간부문과 협력을 통하여 시장자립형 노인일자리사업을 추진하여 5,151명의 일자리를 제공하였고, 2012년에도 비슷한 목표의 일자리 제공을 추진하였다. 공공분야 일자리에 대한 보수는 근로시간에 따라 차이가 있으나 월 20만원 내외를 참여자에게 지급하고 있다. 민간분야는 참여자에 대한 보수는 각 사업자의 운영규정과 계약에 따르고 있다.

사람들의 건강에 대한 관심과 노력이 늘고 의학이 발달함에 따라 건강한 노인들이 늘고 있어 경제활동에 적극 참여하는 노인의 숫자도 늘 것으로 보인다. 정부에서 추진 중인 복지형 일자리에 노인이 노인을 돌보는 노(老)-노(老) 케어가 포함되어 있는데, 13.3.21 중앙일보는 8090을 돌보는 5060 일자리가 미국에서 늘고 있는 사례를 보도하고 있다.

미국 65~69세 인구 중 일하는 비율은 1985년보다 14.3% 증가한 32.1%에 달하며, 유망한 노년층직업(Grey job)으로 노인이사매니저(시간당 30~70$ 수입), 노인 헬스트레이너(17~60$), 고령자를 위한 인테리어 디자이너 (40$부터), 노인 환자 대리인(15~150$)을 소개하고 있다.

현재 공적소득보장제도와 노인일자리 사업만으로 안정적인 노후생활에 충분치 못한 노인들이 많으므로 일찍부터 국민들이 스스로 퇴직연금, 개인연금 그리고 개인저축 등 다양한 소득원을 개발하고 준비하는 것이 필요하다. 노인빈곤문제는 앞으로 공적연금제도의 성숙과 퇴직연금, 개인연금의 가입증가로 완화될 것으로 전망된다.

2012년 30.7%인 국민연금 수급자 비율이 2040년에는 60% 수준까지 증가할 것으로 보이며, 2012년 7월 근로자 퇴직급여보장법의 실시로 퇴직연금은 매년 증가하여 2020년에 약 200조원에 이를 것으로 전망되고 있다. 2012년 6월 퇴직연금 가입 근로자는 369만명이며, 적립금은 약 54조원이었다. 개인연금은 2010년 말 전체가구의 32.3%가 가입 중으로 적립액은 177조원이며, 매년 10% 이상 가입자가 늘어날 것으로 보고 있다.

이야기 34

19세기 말 세계에서 처음으로 연금제도를 도입한 독일의 비스마르크는 연금지급을 시작하는 나이를 65살로 정했다. 당시 독일인의 평균수명은 40세(?)이었다.

현재도 많은 나라에서 노인을 65살 이상인 자로 보며 기초노령연금, 기초생활보장 등 많은 우리나라 복지제도도 65세를 기준으로 하고 있다.

120여년이 지난 지금 이제는 건강하고 소득활동도 가능한 노인이 많으므로 노인의 나이를 70세 혹은 75세 이상인 자로 변경하자는 주장이 나오고 있다.

24-2. 노후건강보장: 치매 예방·관리 및 노인돌봄서비스

우리나라는 현재 사회보험료 부담능력이 있는 국민과 그 가족들은 국민건강보험과 노인장기요양보험으로, 사회보험료 부담능력이 없는 저소득층 국민들은 의료급여 제도로 건강보장을 받고 있다. 건강보험, 노인장기요양보험과 의료급여에 대하여는 각각 사회보험과 공공부조사업을 설명하는 글에서 다루었기 때문에 이글에서는 그 이외에 노인들을 위한 정부의 시책으로 치매예방관리사업과 노인돌봄서비스를 살펴보기로 한다.

치매는 노인 자신은 물론 가족들에게 육체적·정신적·경제적으로 심각한 부담을 주고 있다. 치매로 인하여 노인과 가족의 삶이 피폐해지고 사회적으로도 비용이 증가하므로 그 예방과 관리가 중요하다. 2012년 65세 이상 노인 589만명 중 9.1%인 53만 4천명이 치매를 앓고 있는 것으로 추정하고 있다.

치매는 크게 두 개의 유형이 있는데 독성물질이 뇌에 쌓여 뇌세포가 파괴되는 알츠하이머형 치매(70%)와 미세혈관이 막혀 뇌세포가 죽는 혈관성 치매(20%)가 있다. 우리나라는 치매로 인한 국가적 비용이 의료비용과 보호비용 포함하여 연각 약 8조 7천억원으로 추계하고 있으며, 2010년 건강보험 의료비 중 8,102억원이 치매진료비로 지출되었다.

정부에서는 2011년 8월 치매관리법을 만들어 국가적인 관리체계 구축을 추진하고 있다. 치매예방을 하려면 혈압과 혈당, 콜레스트롤 수치를 잘 조절하고 일주일에 세 번 이상 30분가량 등에 땀이 날 정도로 운동을 하는 것이 좋다고 한다. 아울러 사람들과 자주 만나 어울리고 규칙적인 독서나 시를 외우는 것이 좋다고 한다.

2006년부터 보건소에서 치매조기검진사업을 추진하여 2011년까지 6만4천여 명의 치매환자를 발견하였다. 발견된 치매환자는 보건소에 등록하여 필요한 서비스를 지역사회에서 연계를 해주고 있으며 2011년 현재 약 15만6천명의 환자가 치매 상담센터에 등록되었다. 등록된 치매환자의 소득이 전국가구 월평균소득의 50% 이하인 경우 보험급여비 중 본인부담금과 약제비로 월 3만원을 지원하고 있다.

정부에서는 가정에서 생활하고 있는 노인들에게 신체·가사활동에 필요한 다양한 서비스를 제공하여 지역사회에서 안정된 노후(aging in place)를 보낼 수 있도록 노인돌봄서비스사업을 추진하고 있다. 혼자 살고 있는 65세 이상 노인을 대상으로 노인돌보미(약5,750명)를 파견하고 있다.

2011년 독거노인은 약 112만명으로 추계하고 있으며 이 중 보호가 필요한 노인은 19만3천명으로 보고 있다. 첨단기술인 온라인 IT기술과 오프라인의 노인돌보미와 소방서를 연계한 응급안전돌보미 서비스도 실시하여 독거노인의 사고와 고독사 예방을 추진하고 있다.

정보시스템은 독거노인지원시스템(보건복지정보개발원), 독거노인 집에 설치한 유케어 시스템 (활동·화재·가스 센서장비와 정보송신단말기) 그리고 연계시스템인 소방방재청의 U-119시스템으로 구성되어 있다.

부득이한 사유로 가족의 보호를 받을 수 없어 일시적으로 보호가 필요한 허약노인과 장애노인을 단기간 보호하여 주는 단기 보호서비스, 방문목욕서비스 등도 실시되고 있다.

이야기
35
　　우리나라의 치매는 최근 급증하는 독거노인의 수와
함께 폭발적으로 늘고 있다는 주장이 있다.

　통계청에 따르면 2000년 54만명에 불과하던 독거노인의 수가
2012년에는 119만명으로 12년 사이에 2배 이상 증가했고, 건강보험공
단 통계에 의하면 65세 이상 노인 중 치매환자가 2006년 약 9만 4천
여명에서 2011년 약 28만 9천명으로 5년 동안 208%가 증가했다.

이야기
36
　　독거노인의 고독사를 막기 위해 2013년 4월 서울시
노원구는 고독사 예방 및 장례지원시스템을 갖추었다고 발
표했다.

　65세 이상 독거노인 14,389명을 전수 조사하여 등록 후 건강양호,
거동불편, 거동불가 3개의 그룹으로 나누어 주 1회 돌보미 방문, 방문
간호사 주기적 방문, 호스피스 파견 등의 서비스를 지원한다.

24-3. 노인 사회참여 확대

노인들이 가족과 사회에서 소외되지 않고 활기차고 건강하게 노후를 보낼 수 있도록 다양한 여가문화를 활성화할 필요가 있다. 2011년 말 현재 대표적인 **노인여가시설**인 경로당은 전국적으로 61,537개소가 있으며, 노인복지관은 281개소, 노인교실은 1,557개소, 노인휴양소는 9개소가 있다.

시설별로 급식, 건강, 취미 등 다양한 프로그램과 서비스를 노인들에게 제공하고 있으며, 노인들의 **자원봉사활동**도 적극 장려하고 있다.

노인들은 다양하다. 건강한 노인들이 평생에 걸쳐 축적된 경험과 지혜를 이웃과 사회에 나눔을 실천하는 것이 노인 자신들에게 새로운 삶의 의미를 부여함은 물론 앞으로 노인들이 사회에서 도움을 받는 존재에서 도움을 주는 존재로 부각되는데 중요한 역할을 할 것으로 보인다.

어른신들의 사회활동에 도움이 될 수 있도록 여러 가지 **경로우대제도**가 시행되고 있다. 65세 이상인 노인들은 국공영업종인 수도권 전철, 도시철도, 고궁, 능원, 국공립 박물관·공원·미술관의 운임과 입장료는 100%를 할인받아 무료로 이용할 수 있다.

또한 국공립 국악원 입장료 50% 이상 할인, 통근철도열차 50%, 무궁화호열차 30%, 새마을 열차 및 KTX 30%할인(단 토·일요일과 공휴일은 제외)등이 있다. 민영 업종으로 국내항공기 10%, 국내여객선 20% 할인이 있으며, 목욕과 이발 등 업체 자율로 할인을 받는 경우도 지역별로 많이 있다.

이야기 37

장수노인들을 오랫동안 연구해온 박상철 전 서울대 의대교수는 멋진 노후를 보내기 위해 효문화(孝文化)보다 우문화(友文化)가 중요하다고 한다.

자식들보다 이웃과 친구, 지역사회가 더 도움이 된다고 주장하면서 장수방법으로 네 가지를 추천하고 있다. 남(나이) 탓을 하지마라. 무엇이든 하라. 남에게 주는 이가 되라. 끊임없이 배워라.

이야기 38

우리나라에서 6 · 25 이후 1955년에서 1963년까지 인구팽창기에 태어난 이들을 베이비부머라고 하며 720만명 정도가 있다.

2013년 5월 3일 KBS보도에 따르면 이들 중 65%는 자녀가 취업을 못했고 71%는 노부모가 생존 중이라고 한다. 부모 봉양과 자녀 뒷바라지에 끼여 자신의 은퇴준비를 하지 못한 사람이 베이비부머의 80%에 이른다고 한다.

이야기 39

2013년 5월 한국보건사회연구원의 윤석명박사는 우리나라 베이비부머가 전쟁경험을 빼고 전 인류의 발달과정을 경험하여 인류사 박물관 상석을 예약할 만하다고 했다.

그들은 농경사회(보릿고개와 달구지), 산업사회(컬러TV와 마이카), 정보화사회 (인터넷과 스마트폰)를 살아가면서 산업화와 민주화를 경험한 특이한 세대이다. 능력 있는 베이비부머들이 더 부담하여 어려운 베이비부머들을 돕는 복지제도 운영원칙을 제안하기도 하였다.

25. 자신과 사회에 떳떳한 장애인의 삶

우리나라는 1981년 심신장애자복지법이 제정되면서 보건사회부에 재활과가 신설되었으며, 1989년부터 장애인등록제가 실시되었다. 이후 장애인정책발전 5개년계획을 3차에 걸쳐 수립·추진(1차: '98~'02/ 2차: '03~'07/ 3차: '08~'12) 하면서 제도를 정비하고 서비스를 확대하였다. 2013년 3월 현재 보건복지부에 4개과를 거느린 장애인정책국이 장애인정책을 담당하고 있으며, 같은 해 예산액이 국고기준으로 1조 1,020억 원이다.

장애인차별금지법(2007년), 중증장애인 생산품 우선구매 특별법(2008년), 장애인연금법(2010년), 장애인활동지원에 관한 법률(2011년), 장애아동복지지원법 (2011년) 등이 제정되었으며 장애인연금제도가 2010년 7월에, 장애인활동 지원제도가 2011년 10월부터 도입되었다.

2011년 말 현재 시·군·구청에 등록한 전국의 **장애인의 수**는 252만명으로 15종의 장애종류가 있다. 지체장애인이 가장 많은 133만명이며, 청각·언어장애인이 약 28만명, 시각장애인이 25만명, 지적장애인이 16만명, 뇌병변장애인이 26만명, 자폐 장애인이 1만5천명, 정신장애인이 9만6천명, 신장장애인이 5만7천명, 심장장애인이 1만3천명, 호흡기장애인이 1만5천명, 간장애인이 8천명, 장루·요루장애인이 1만3천명, 안면장애인이 2천명, 간질장애인이 9천명 정도이다.

장애의 등급은 중증도에 따라 6개의 등급으로 나누며, 1~3급 중증장애인이 99만명, 4~6급 경증장애인이 153만명이다. 1989년 장애인등록제도를 도입할 때 그 유형이 지체, 시각, 청각, 언어, 지적장애로 구분되었으나 2000년 뇌병변, 자폐, 정신, 신장, 심장 장애가

추가되었고, 2003년에는 호흡기, 간, 장루·요루, 안면, 간질장애가
추가 되었다. 장애인 중 후천적인 장애인이 90% 수준으로 대부분을
차지하고 있으며, 고령화로 인하여 노년층 장애인도 지속적으로 증가
(2011년 39%)하고 있다.

읍면동 주민센터에서 장애인 등록을 신청할 때 1~3급의 경우만
등급심사를 하였으나 2011년 4월부터 모든 신청자가 등급심사를 받
도록 변경되었다. 이에 따라 의사는 장애유형만 진단하고 등급은 등
록신청 후 보건복지부가 위탁한 국민연금공단 장애등급심사 센터에
서 장애등급 심사를 거쳐 판정한다.

장애인을 위한 시설은 장애인이 입소하여 지내는 생활시설, 경제적
자립을 목적으로 직업훈련과 제품생산을 하는 직업재활시설, 장애
인의 재활을 돕는 이용시설인 지역사회재활 시설로 구분할 수 있다.
2011년 말 현재 생활시설은 490개로 2만 5천여명의 장애인이 생활
하고 있으며, 장애유형별 시설 289개소, 중증요양시설 191개소, 영
유아시설 10개소가 포함되어있다.

직업재활시설은 근로시설이 53개소, 보호작업장이 403개소로 총
456개소이며 1만 3천여명의 장애인이 근로하고 있다. 지역사회 재활
시설로 복지관 199개소, 재활의료시설 17개소, 체육관 27개소, 단
기보호시설·그룹홈·심부름센터 등 기타 1,608개소 총 1,851개소가
있다.

장애인은 사회의 일원으로 당당히 살아가면서 능력이 되면 사회에
기여하고 도움이 필요하면 지원을 떳떳하게 받아야 한다. 선천적으로
장애인이 될 수도 있지만 우리는 언젠가는 사고나 고령으로 장애가
발생할 수 있으며 장애인이 되면 많은 경우 가족·이웃·사회의 도움

이 필요하다. 정부에서는 소득지원, 활동지원, 자립자활, 의료보조기 지원 등 다양한 장애인 복지제도를 시행하고 있다.

장애인을 위한 소득지원 시책으로 장애인연금, 경증장애수당 그리고 장애아동 수당이 있다. 2012년 현재 **장애인연금**은 18세 이상 중증장애인(1급, 2급 및 3급 중복) 중 본인과 배우자의 소득과 재산을 합친 금액이 단독가구는 551천원, 부부가구는 882천원 이하인 자에게 부가급여(2~15만원)와 기초급여(2~9만4천원)를 합하여 4만원~15만 4천원을 소득수준과 연령에 따라 지급하고 있다. 장애인 연금은 그 재원이 국가예산으로 마련되어 사회보험이 아닌 공공부조사업에 속한다.

국민 기초생활보장 수급자와 차상위계층(월 소득이 최저생계비의 120%이하) 이면서 18세 이상 등록 경증장애인에게 **장애수당**으로 시설에 입소하여 생활하는 경우 2만원을, 그렇지않는 경우 3만원을 매월 지급하고 있다.

기초생활보장 수급자와 차상위계층이면서 18세 미만인 등록 장애인이 경증인 경우 10만원(시설생활자는 2만원)을, 중증인 경우 기초수급자는 20만원을, 차상위 계층은 15만원을, 시설 생활자는 7만원을 **장애아동수당**으로 매월 지급하고 있다. 아울러 장애인의 생활안정을 위하여 일정한 요건에 해당하면 자녀교육비, 의료비, 자립자급 등에 대한 지원을 별도로 받을 수 있다.

정부에서는 장애인의 자립을 위하여 장애인고용촉진법에 따라 **장애인의무 고용제**를 실시하고 있다. 국가·지방자치단체·공공기관은 3%이상이며, 50인 이상 민간사업장은 전체 근로자의 2.3~2.7%를 장애인으로 고용해야 한다. 의무고용률에 미치지 못하는 경우 미고용 일인당 일정금액을 고용부담금(월 392천원)으로 납부 해야 한다.

국가재정으로 공공형 장애인 일자리사업도 추진하여 2012년 행정
도우미, 복지 일자리, 안마사 파견으로 1만여명의 일자리를 제공하였
다. 2008년 3월 **중증장애인 생산품 우선구매** 특별법을 제정하여 장
애인을 고용한 일정 사업장을 중증장애인 생산품 생산시설(장애인
직업재활시설과 장애인복지단체)로 지정하여 그 생산품을 공공기관
이 연간 총 구매액의 1%이상을 구매하도록 하였다. 2011년 장애인
6,125명을 고용하고 있는 260개 지정시설에서 생산된 2,358억 원어
치의 제품을 공공기관이 구매하였다.

정부에서는 중증장애인에게 신변처리, 가사활동, 이동보조와 같은
활동보조와 방문 목욕과 간호를 돕는 도우미를 파견하여 자립생활과
사회참여를 지원하고 가족의 부담을 감경하는 **장애인활동지원제도**
를 2011년 10월부터 운용하고 있다.

신청자격은 6~64세의 1급 또는 2급 장애인이며, 일상생활 동작능
력(ADL)과 수단적 일상생활 수행능력(IADL) 등 심신상태와 활동지
원 서비스 필요도를 평가한 인정점수에 따라 1~4등급으로 구분하여
지원을 받고 있다. 신청을 하면 국민연금공단에서 방문조사를 하며,
수급자격심의위원회 심의를 거쳐 시·군·구청에서 선정을 하게 된다.

2013년의 경우 기본급여로 등급별로 월간 89만원(103시간), 71만
원(83시간), 54만원(62시간), 36만원(42시간)에 해당하는 시간 동안
돌보미를 이용할 수 있는 서비스이용권(전자 바우처)을 제공받는다.
추가로 독거, 출산·취약가구, 학교·직장생활, 자립준비 등 생활환경
에 따라 9~68만원의 급여를 바우처카드로 받을 수 있다. 2013년
장애인 활동지원 예산으로 국고기준으로 3,829억원이 편성되었다.

활동보조인이 일정 시간 일을 마치면 서비스를 이용한 장애인은 바우처카드로 활동보조인이 가지고 다니는 단말기를 통하여 결제를 한다. 바우처 사업의 종류와 이용자의 소득수준에 따라 본인이 이용금액의 일부를 부담한다. 결제 금액은 한국보건복지정보개발원의 전자바우처시스템을 통하여 서비스 공급자에게 지급된다. 2011년의 경우 849개 서비스제공기관에서 23,653명의 활동보조인이 35,371명의 중증장애인에게 돌봄 서비스를 제공하였다.

정부에서 18세 미만 장애아동을 위하여 **발달재활서비스**와 돌봄서비스를 제공하고 있다. 뇌병변, 지적, 자폐성, 언어, 청각, 시각 등 장애를 가진 아동에게 언어·미술·행동 치료 등 서비스를 이용할 수 있는 바우처(2013년 기준: 소득에 따라 월 14~22만원)를 지원받을 수 있다. 또한 평균소득 이하 장애아동 가구는 연간 320시간 한도인 돌보미파견 바우처를 지원받을 수 있다. 단 아동돌봄서비스는 장애인 활동 지원서비스와 중복하여 받을 수 없다.

2013년 7월부터 민법이 개정되어 금치산·한정치산제도가 폐지되고 **성년 후견제**가 시행이 된다. 지적장애인, 자폐성장애인과 중복장애를 가진 약 18만명의 발달장애인이 성년후견제도의 영향을 받게 될 것으로 보인다.

26. 사회서비스에 대하여

사회보장기본법에 따르면 사회보장은 사회보험, 공공부조 그리고 사회서비스를 포함한다. 사회보험은 국민에게 발생하는 사회적 위험을 보험의 방식으로 대처함으로써 국민의 건강과 소득을 보장하는 제도를 말하며, 공공부조는 국가와 지방자치단체의 책임하에 생활유지능력이 없거나 생활이 어려운 국민에게 최저생활을 보장하고 자립을 지원하는 제도를 말하고 있다.

사회서비스는 국가, 지방자치단체와 민간부문의 도움이 필요한 모든 국민에게 복지, 보건의료, 교육, 고용, 주거, 문화, 환경 등의 분야에서 인간다운 생활을 보장하고 상담, 재활, 돌봄, 정보의 제공, 관련 시설의 이용, 역량개발, 사회참여 지원 등을 통해 국민의 삶의 질이 향상되도록 지원하는 제도를 말하고 있다.

사회서비스가 필요한 계층은 주로 아동, 장애인, 노인 등 저소득 취약계층으로서 과거 단순 서비스제공에 머물렀으나, 서비스를 제공하는 기관·단체를 통한 일자리 창출효과에 착안하여 2006년부터 정부에서 사회서비스 일자리정책을 추진하기 시작하였다.

같은 해 7월 기획예산처에 정부합동 특별 작업반(T/F)인 사회서비스 향상기획단을 설치하였으며, 2013년 현재 보건복지부에 전담부서인 사회서비스 정책관이 사회서비스 전자바우처 사업과 사회서비스 분야 일자리 창출을 담당하고 있다. 아울러, 2012년 2월부터 '사회서비스 이용 및 이용권 관리에 관한 법률'이 제정되어 시행되고 있다.

2012년 현재 사회서비스 사업이 보건복지부, 여성가족부, 문화체육관광부 등 8개 부처에서 59개 사업이 있으며 예산규모는 9조

1,547억원에 이르고 있다. 보건복지분야 사회서비스 일자리는 2013년 현재 노인장기요양, 보육, 장애인 활동 지원 등 32개 사업에 약99만개가 있는 것으로 보고 있다.

보건복지 분야 사회서비스 일자리 현황

구 분 (일자리 종사자)	주요 사업	일자리
계		99만
여성	노인장기요양보험, 노인돌봄, 보육료 지원, 장애인 활동지원 등	62만
청년·전문직	방과후 돌봄, 드림스타트, 정신보건센터, 지역사회서비스 등	3만
중장년층, 노인	베이비붐세대 일자리 만들기, 노인 일자리 지원 등	25만
저소득층, 장애인	자활근로, 장애인 복지일자리 지원 등	9만

사회서비스 전자바우처사업은 기존에 서비스제공기관에 예산을 지원하는 방식에서 서비스 이용자에게 서비스이용권(전자바우처카드)을 제공하는 방식으로 변경한 제도로서 2007년 5월부터 장애인활동보조, 노인돌봄, 지역사회서비스 등 3개 사업에 시작되었다. 바우처사업은 이용자에게는 다양한 선택권을 보장하고 서비스 공급자간 경쟁을 유발하여 서비스가 향상될 것으로 기대하고 있다.

2012년 말 현재 노인 돌봄, 장애인 활동지원, 산모신생아 도우미, 가사간병 도우미, 발달재활 서비스, 언어발달지원, 지역사회 서비스 투자 등 7개 바우처사업을 진행하여 국비와 지방비를 합하여 8,713

억원을 투입하였다. 같은 해 약 6천5백개의 서비스제공기관이 6만여명의 인력을 고용하여 약 62만명의 취약계층에게 서비스를 제공한 것으로 나타났다.

정부에서는 지방자치단체가 지역특성과 주민수요에 맞는 사회서비스를 발굴하여 제공하도록 **지역사회서비스 투자사업**도 시행하고 있다. 지자체는 사업을 발굴하여 복지부에 신청하며 일정한 심사를 거쳐 선정된 사업에 예산을 지원하게 된다. 2012년의 경우 1,345억원의 예산(국고)으로 서비스 제공기관(일자리 약 2만개)을 통하여 약 24만명에게 서비스를 제공할 것으로 예상하고 있다.

아울러 잠재수요가 크지만 공급이 부족하고 전문적인 서비스로서 산업화 가능성이 높은 10대 사회 서비스를 2010년부터 선정하여 집중 육성하고 있다. 10대 유망 사회서비스에 아동 발달지원서비스, 아동정서발달 지원서비스, 문제행동아동 조기개입서비스, 인터넷과 몰입 아동치유서비스, 맞춤형 운동처방서비스, 돌봄여행 서비스, 장애인보조기구 랜탈서비스, 시각장애인 안마서비스, 나홀로 아동 방과후 돌봄서비스, 정신건강 토탈케어 서비스가 포함되어 있다.

2013년 3월 통계청과 한국노동연구원이 발표한 자료에 따르면 늘고 있는 돌봄서비스 종사자 대부분이 비정규직이거나 한 달 평균 100만원도 받지 못하고 있는 것으로 나타났다. 2011년 9월말 기준 76만 1천명이 종사하고 있으며 그 중 1/4이 가사·육아도우미였다.

가사·육아도우미는 상용직이 4.1%에 불과하고 평균 나이는 53.2세이었으며 여성비율이 99.7%를 차지하고 월평균 76만6천원의 임금을 받고 있었다. 전체 여성노동자의 평균임금은 147만원이었고, 유치원교사는 154만 3천원을, 사회복지전문직은 127만 7천원을 받고 있었다.

　사회서비스분야는 앞으로 서비스의 품질향상, 종사자 처우개선과 서비스 제공 기관의 투명한 운영, 일자리 확충 등이 과제로 있다.

제 7 장

보건의료정책에 대하여

27. 보건의료정책 개관

우리나라는 보건의료 수준의 향상과 더불어 대표적인 건강지표인 기대(평균) 수명과 영아사망률이 크게 개선되었다. 평균수명은 1970년 61.9세(남자:58.7, 여자: 65.6)이었으나 2010년 80.8세(남자:77.2, 여자:84.1)로 늘었으며, 영아사망률은 1993년 9.3명에서 2010년 3.2명으로 크게 줄었다.

2013년 6월 OECD가 발표한 Health Data 2013의 내용에 따르면 2011년 OECD 회원국들의 평균수명은 80.1세 (한국 81.1세)이며, 영아사망률은 4.1명(한국 3.0명) 이었다. 한편 GDP대비 보건의료 비용 지출은 2011년 우리나라는 7.4%인 반면에 OECD 국가들은 평균 9.3%를 지출하고 있어 상대적으로 비용효과에서 효율성이 높다고 할 수 있다.

그러나 병상과 의료장비는 공급과잉 상태이며 의료기관 상호간 기능도 분화되지 못하고 의원, 병원, 대학병원이 경쟁하고 있어 과잉진료와 의료비 상승이라는 부작용도 발생하고 있다. 의료이용자도 대형병원을 선호하고 과잉 이용 경향이 있으나 건강보험 적용이 안 되는 비급여 항목이 많아 국민들의 만족도는 반감되고 있다. 또한 인구 고령화로 노인의료비가 늘고 있으나 취약계층은 경제적 어려움으로 아파도 병의원에 가지 못하는 현상도 발생하고 있다.

이 장에서는 정부(보건복지부)에서 추진 중인 건강증진, 전염병과 만성질환대책, 의료자원, 그리고 보건산업 등에 대한 정책에 대하여 살펴보고자 한다.

OECD Health Data 2013 주요 통계 현황(2011년 기준)

구분	소구분 및 단위	한국	OECD 평균
건강 상태	기대수명 (세)	81.1	80.1
	영아사망률 (출생 천명당 사망자 수, 명)	3.0	4.1
	암에 의한 사망률 (인구 십만명당, 명)	185.1	210.5
	자살에 의한 사망률 (인구 십만명당, 명)	33.3	12.6
보건의료이용	의사의 외래진료 (국민 1인당, 건)	13.2	6.9
	환자 1인당 평균 재원일수 (일)	16.4	8.6
보건의료비용	국민의료비 GDP 대비 (%)	7.4	9.3
	국민 1인당 의료비 지출(US달러 PPP)	2,198	3,339
비 의료요인	주류 소비량(15세 이상 1인당, ℓ)	8.9	9.5
	흡연인구비율(15세 이상 인구, %)	23.2	20.7

28. 국민건강증진에 대하여

보건의료기술의 발달과 함께 많은 국민들이 건강검진을 받고 운동을 실천하면서 수명 100세 시대가 오고 있다고 말하고 있다. 정부에서는 질병을 조기 발견하고 제대로 관리하기 위하여 생애주기별 검진제도를 개편하고 있으며, 흡연율과 과도한 음주를 낮추려고 광고제한 등 규제를 강화하고 있으며, 늘어나는 자살과 중독을 줄이고 마음이 건강한 사회를 만들기 위하여 정신건강과 중독에 대한 대책을 추진하고 있다.

정부에서는 국민건강증진법에 따라 2002년부터 국민의 건강증진과 질병예방을 위하여 국민건강증진 종합계획을 수립하여 추진하고 있다. 1차 계획은 2002년부터 2005년까지, 2차 계획은 2006년부터 2010년까지 추진되었으며, 3차 계획은 2011년 6월에 수립되어 2011년부터 2020년까지 추진될 예정이다. 건강수명을 2007년 71세에서 2020년 75세로 연장하는 것을 포함하여 16개 대표지표를 선정하였다. **3차 국민건강증진 종합계획**(HP2020)에 의한 각 지표별 목표수치(2008년→2020년)는 다음과 같다.

성인남성흡연율 47.7%→29%, 성인 고위험음주율 남자 28.3%→18%/ 여자 8.5%→5%, 걷기제외 중증도 신체활동 실천율 14.5%→20%, 건강식생활실천율 28.9%→35%, 국가암검진 수검율 50.7%→80%, 일반건강검진 수검율 65.3%→80%, 고혈압 유병율 26.8%→23%, 성인비만유병율 남자 35.3%→35%이하 / 여자 25.2%→ 25%이하, 자살사망률감소(인구 10만명당) 26명→18명, 아동청소년 치아우식경험률 (영구치) 61.1%(2006년)→45%, 예방접종률 59.5%→95%, 도말 양성 결핵발생률 (인구 10만명당) 22.7명→10

명, 교통사고 사망률(인구 10만명당) 16.1명(2006년)→ 7명, 모성사망률(출생10만명당) 12명→9명, 영아사망률(출생아 1천 명당) 3.4명→ 2.8명, 노인활동제한율 11.4%→11.4%

2012년 9월~11월간 질병관리본부가 전국 253개 보건소를 통하여 22만 7,700명의 주민을 대상으로 실시한 '2012 **지역사회 건강조사**' 결과에 따르면 걷기실천율(최근 1주일 동안 30분 이상 걷기를 주 5일 이상 실천한 사람의 비율)은 서울(52.1%), 대전(48.1%), 부산(46.9%)로 높았고 강원(28.4%), 경북(31.3%), 제주(34.4%)는 상대적으로 낮았다.

비만율은 대전(22.0%), 대구(22.2%), 부산(22.4%)이 상대적으로 낮았고 제주 (30.1%), 강원(26.7%), 세종(26.3%)이 높았다. 담배를 피우는 남자비율은 서울 (42.6%), 전북(44.4%), 울산(44.5%)이 상대적으로 낮았고 세종(51.3%), 강원 (49.9%), 제주(49.4%)가 높았다. 성인고위험음주율(한번 술자리에서 남자는 소주 7잔 이상, 여자는 5잔 이상을 주 2회 이상 마시는 비율)은 전남(13.5%), 전북(13.7%), 광주(14.1%)가 낮았고 세종(20.4%), 강원(19.5%), 제주(18.8%)가 높았다.

스트레스 인지율은 세종시(32.3%), 인천(31.9%), 서울(31.1%) 순으로 높았고 경남(23.8%), 울산(24.9%), 전남(25.1%) 순으로 낮았다. 서울시 25개 구의 경우 강남, 서초, 송파 3구는 다른 구보다 흡연, 음주와 비만율은 낮았으나 스트레스 인지율은 상대적으로 높은 적으로 나타났다.

우리나라는 1980년 일반건강검진제도를 도입한 이후 2004년 5대 암검진, 2007년 영유아검진과 생애전환기 검진을 도입하였고, 2008

년 3월 건강검진기본법도 제정·공포하여 체계적인 건강검진제도를 운영하고 있다.

일반건강검진은 국민건강보험공단이 건강보험 가입자(사무직 2년 주기, 비사무직 1년 주기)를 대상으로 수행하며, 의료급여수급권자는 시군구(보건소)의 위탁을 받아 같은 건보공단이 추진하고 있다. 건강보험 가입자 중 일반검진대상자는 직장가입자와 세대주인 지역가입자이며, 추가로 40세 이상인 지역가입자와 피부양자도 포함된다. 의료급여수급권자 중 일반검진대상자는 만 19~39세 세대주와 만 41세~64세인 세대주와 세대원이 포함된다.

일반검진은 주로 고혈압, 당뇨 등 심뇌혈관질환의 조기발견과 연계 치료 및 관리에 중점을 두고 있다. 1차 검진항목은 문진, 체위검사, 요검사, 혈액검사 등이며 2차 검진항목은 고혈압, 당뇨병, 인지기능 장애이며 검진참여자에게 검진에 따른 비용 부담은 없다.

아울러 5대 암인 위암·간암·대장암·유방암·자궁경부암에 대하여 40세 혹은 50세 이상 남녀를 대상으로 매년 혹은 2년마다 검진을 실시하고 있으며 건강 보험대상자는 10%의 검진비용을 부담한다. 의료급여 수급자는 본인부담이 없다.

일반검진 및 암검진을 수행하는 검진기관은 2012년 4,963개소로, 연간 16,748천 명을 대상으로 검진을 실시하고 있다.

일반검진 수검율 현황

('12년 말 기준)

구분	대상자	수검자	수검율
2012	16,748,620	10,002,247	59.7
2011	15,249,528	11,070,569	72.6
2010	15,917,939	10,851,277	68.2

생애전환기 건강진단은 생애전환기인 만40세와 만66세 국민을 대상으로 성별, 연령별 특성에 맞는 맞춤형 건강진단을 실시하여 만성질환과 건강위험요인을 조기에 발견하여 치료와 관리를 도모하는 것이 목적이다.

암, 심·뇌혈관질환 등 만성질환 발병률이 급상승하는 시기인 만40세의 경우 일반검진 이외에 고지혈증(증성지방, HDI, 콜레스트롤), 복부비만(허리둘레) 검사 등이 추가되었다. 신체기능이 저하되고 낙상, 치매 등 노인성질환의 위험이 증가하는 시기인 만 66세의 경우 노인신체 기능(근력, 평형성), 일상생활 수행능력, 인지기능장애(치매), 골밀도검사(골다공증), 시력·청력 검사 등이 추가되었다.

2008년에 대상자 중 52.5%인 74만명이 검사를 받았으며, 2010년에는 대상자 중 69.9%인 77만명이 검진을 받았다. 생애전환기 검사를 받는 자는 검진비용 본인부담이 없다. 생애전환기 건강검진은 일반건강검진과 마찬가지로 국민건강 보험공단이 만40세와 만66세인 건강보험 가입자와 의료급여 수급권자(시군구 보건소의 위탁)를 대상으로 실시한다.

영유아건강검진은 만 6세 미만 아동에 대하여 나이에 맞는 문진과 진찰, 신체 계측(신장, 체중, 머리둘레)을 실시하고, 부모를 대상으로 안전사고, 영양교육, 취학전교육에 대한 발달평가와 상담도 하고 있다.

영유아 검진주기는 1차가 4개월, 2차는 9개월, 3차는 18개월, 4차는 30개월, 5차는 42개월, 6차는 54개월, 7차(2012년부터)는 66개월로 되어 있다. 2008년 도입초기에 대상자 중 36.5%인 95만명이 검진을 받았으며, 2011년에는 대상자 중 53.8%인 150만명이 검진을 받았다.

영유아건강검진 비용에 대한 본인부담은 없다. 시군구 보건소에서 검진대상자를 통보를 하면 검진대상자는 검진기관(병의원)에서 검진을 받고, 검진기관은 시도의 예탁을 받은 건강보험공단에 비용을 청구한다.

건강검진제도는 검진의료기관의 과다한 출장검진, 낮은 검진수가 등으로 형식적인 검진이 이루어지고 있다는 비판이 있다.

이야기 40

국가가 시행하는 건강검진이 부실하다는 비판에 더하여 경제적 여유가 있는 일부 사람들은 고가의 건강검진을 받고 있다. 수십만 원에서 수백만 원에 이르는 이러한 건강검진에 대하여 그 효과에 의문을 표하며 과잉검진을 비판하는 전문가도 있다.

미국 보건 및 휴먼서비스부 산하 질병예방서비스 태스크포스(PSTF: preventive services task force)는 미국 55~60세 남성 1000명을 대상으로 전립샘암 발견을 위한 피검사인 전립선특이항원검사(PSA)를 실시한 결과 사망자는 4~5명으로 나타났고 같은 검사를 받지 않고 사망한 숫자도 이와 비슷하여, 2011년 조기진단으로 얻는 효과보다 경제적 부담과 부작용이 크다고 PSA검사를 하지 말 것을 권고하는 성명서를 발표했다고 한다.

29. 전염병과 암·만성병 관리에 대하여

급성전염병은 경제발전과 생활수준의 향상에 힘입어 감소추세에 있다가 1990년 이후 지구온난화와 해외여행의 증가와 함께 신종 및 재출현 감염병이 증가하고 있다. 콜레라와 세균성이질과 같은 수인성전염병도 지속 발생하고 있으며 고병원성 조류 인프루엔자(AI H5N1), 변종 크로이츠펠트 야곱병, 중증급성호흡기증후군(SARS)이 근래에 발생하였다.

2013년 4월 5일 조선일보 보도에 따르면 중국에서 신종바이러스인 H7N9형 조류 인플루엔자가 확산되어 14명이 감염되고 그 중 5명이 사망하였다. H1N1바이러스는 2009년 전 세계에 창궐하여 우리나라에서만 240명이 사망하였고 현재 백신과 치료제가 만들어졌으나 이번 신형바이러스에 대한 백신은 최소 6개월 후에나 생산될 것이라고 한다. 중국보건당국은 4월4일부터 시작된 청명절 연휴에 확산을 우려하고 있다.

우리나라는 1954년 전염병예방법을 제정 후 전염병감시체계를 유지하여 왔으며, 2010년10월 감염병의 예방 및 관리에 관한 법률로 전면 개정되어 법정감염병을 현재 6개군 75종으로 분류하고 있다.

제1군감염병은 콜레라, 장티푸스, 세균성이질 등 6종의 식품매개 수인성 전염병 이며, 제2군감염병은 디프테리아, 백일해, 수두와 같은 10종의 국가예방접종대상 질병이다.

제3군감염병은 말라리아, 결핵, 한센병, 매독, 탄저, AIDS 등 19종의 모니터링 대상 전염병이며, 제4군감염병은 페스트, 황열, SARS, 조류인프루엔자 인체감염증 등 17종의 해외유입감시대상 질병이다.

제5군감염병은 회충증, 요충증 등 6종의 기생충 감염병이며, C형 간염, 수족구병 등 17종이 유행여부를 감시하고 조사하기 위하여 지정감염병으로 되어있다. 의사가 감염병환자를 진료하거나 사체를 검안한 경우 인터넷신고시스템이나 팩스로 감염병 발생 사실을 시군구의 보건소로 신고하여야한다.

2011년의 경우 98,717건의 법정감염병 신고가 있었으며 그 중 결핵이 39,557건, 수두가 36,249건, 유행성이하선염이 6,137건, 쯔쯔가무시증이 5,151건, 후천성면역 결핍증(AIDS) 888건 등이 있었다. OECD 회원국 중 결핵 발생률이 우리나라가 1위로 정부에서는 노숙인, 외국인근로자, 다문화가족 등 취약계층에 대한 진단을 강화하는 등 환자의 조기발견과 치료관리에 애쓰고 있다.

현대사회는 평균수명의 증가, 생활양식의 변화, 건강위해요소의 증가와 진단 기술의 발달로 감염성 질환이 감소하고 만성질환이 증가하고 있다. **만성병**을 성인병, 인조병(人造病: man-made disease) 또는 생활습관병(life-style related disease) 이라고도 한다.

2010년 뇌혈관 질환 조사망률은 인구 10만명당 53.2명으로 26,517명이 사망하였다. 같은 해 **국민영양조사 결과**에 따르면 50세 이상 뇌졸중 유병률은 전체 2.9%(남자 3.7%, 여자 2.3%) 이었다. 2010년 허혈성 심장질환 조사망률은 인구 10만명당 26.7명으로 13,336명이 사망하였다.

2010년 국민영양 조사결과에 따르면 30세 이상 협심증 또는 심근경색증의 유병률은 전체 2.4%(남자 2.4%, 여자 2.4%)이었다. 고혈압성 질환 조사망률은 9.6명이며, 당뇨병 조사망률은 20.7명이었다.

2010년 우리나라 사망원인 중 전체 사망자의 28.2%(72,046명)가

암으로 인한 사망자로 암이 사망원인 1위를 차지하고 있다. 2003년 암관리법이 제정된 이후 국가에서 암의 예방, 진료 및 연구 등에 관한 정책을 체계적으로 추진하고 있다. 2006년 10월 10대 국민암예방수칙을 발표하였으며, 2005년 국립암센터에 **국가암정보센터**를 개설하여 DB를 구축하였으며 국민에게 인터넷(www.cancer.go.kr)과 암정보상담전화(1577-8899)로 암정보를 제공하고 있다.

암 등록 통계사업을 국립암센터에서 실시하고 있다. 2009년도 1년간 발생한 악성종양(암) 환자는 192,561명이며 남자가 99,224명 (52%), 여자가 93,337명(48%) 이었다. 주로 발생하는 암은 갑상선암, 위암, 대장암, 폐암, 간암, 유방암 등으로 6대암이 전체 암 발생의 2/3이상을 차지하고 있다.

암정책의 주요 성과지표인 5년 암 상대생존율은 1993~1995년 발생자는 41.2%, 1996~2000년 발생자는 44.0%, 2001~2005년 발생자는 53.7%, 2005~2009년 발생자는 62.0%로 높아지고 있다. 2005~2009년 발생자의 암 종류별 생존율을 살펴보면 갑상선암 99.7%, 위암 65.3%, 대장암 71.3%, 폐암 19.0%, 간암 25.1%, 유방암 90.6%로 나타났다.

급격한 산업화와 도시화로 인한 경제사회적 환경의 변화로 국민의 정신보건이 중요한 정책과제가 되었다. 우리나라는 과거 정신분열증 등 정신질환자를 의료 기관이나 시설에 격리하여 치료하는데 중점을 두어오다가 1995년 12월 정신보건법의 제정을 계기로 지역사회 정신보건사업을 활성화하는 방향으로 정책전환이 되었다. 2011년 정신질환실태역학조사 결과에 의하면 우리나라에서 매년 약 578만명이 정신질환에 걸리는 것으로 추정되었다. 이는 18세 이상 74세 이하 인구의 16%에 해당된다. 같은 해 보건소의 정신보건센터에 등록된 자는 47,124명이었으며, 사회복귀시설을 이용하거나 입소한 자는 5,974명이었고, 정신의료기관이나 정신 요양시설의 병상에 입원(소)한 인원은 75,243명이었다.

우리나라는 2010년 자살사망자는 15,566명이며 자살률은 인구 10만명당 31.2명으로 자살이 전체 사망원인 중 4위를 차지하고 있다. OECD 회원국의 평균 자살률은 11.3명으로 우리나라가 최고 수준에 있다. 급증하는 자살에 대하여 효과적으로 대처하기 위하여 '**자살예방** 및 생명존중문화 조성을 위한 법률'이 제정되어 2012년 3월부터 시행되고 있다. 현재 자살 등 위기상담을 받는 상담전화(1577-0199)가 운영되고 있으며, 언론이 자살사건 보도권고지침을 준수하는지 여부와 인터넷 자살 유해사이트에 대한 모니터링도 강화하고 있다. 아울러, 근래에 증가하고 있는 알코올, 인터넷, 도박 및 마약 중독에 대한 대책도 시급한 실정이다.

2013년 4월 서울시가 발표한 '마음이음 1080'이라는 자살예방종합대책에 의하면 한강다리 생명의 전화설치, 정신건강지킴이 10만명 양성, 자살시도자 확인시스템 구축 등을 포함하고 있다. 노원구의 경우 2009년 자살예방전담팀인 생명존중팀을 구청에 신설하고, 자살취약계층 8만 9천명을 대상으로 우울증검사 후 1만 3,420명을 위험군으로 분류하였다. 위험군을 다시 주의군과 관심군으로 나누어 530여명의 자원봉사자로 구성된 생명지킴이가 1주일에 한 두 차례 가정방문과 전화 상담을 하거나 정신의료기관 치료를 병행한 결과, 2009년 자살자 수가 연간 180명에서 2011년 145명 수준으로 줄었다.

30. 공공보건의료
(국공립병원, 보건의료원, 보건소)에 대하여

우리나라 보건의료체계는 공급 측면에서 2011년 6월 현재 공공의료기관이 전체 의료기관이 약 6%를 차지하고 그 병상 수는 전체의 11.76%에 불과하여 민간소유의 의료시설이 절대적 우위에 있어 민간위주로 되어 있다.

2011년 우리나라의 의료기관은 60,537개소(허가병상수: 538,012개)이며 종합 병원 318개(134,215병상), 병원 1,315개(181,088병상), 의원 27,669개(97,854병상), 요양병원 867개(111,929병상), 한방병원 168개(9,974병상), 한방의원 12,061개 (2,188병상), 치과병원 191개(271병상), 치과의원 14,681개(47병상), 보건소 등 3,467개(446병상)이다.

2011년 공공의료기관은 3,639개소이며, 국립병원 31개, 국립암센터 등 특수 법인병원 72개, 시도립병원 77개, 보건소(보건의료원포함) 254개, 보건지소 1,309개, 보건진료소 1,904개이다.

반면, 재정측면에서는 국가가 국민건강보험과 의료급여제도를 운영하며 의료 행위, 의약품, 의료장비, 입원료 등에 대한 수가를 정부(건강보험정책심의위원회)가 결정하고 있어 국가 주도적으로 되어있다. 2009년 우리나라 국민의료비 지출 73조 7천억원 중 공공재원에 의한 지출은 42조 9천억원으로 그 비중은 58.2%로 OECD 회원국 평균 71.5%에 미치지 못하고 있어 상대적으로 국민의 부담이 높은 편이다.

지금까지 공공보건의료의 개념은 '공공보건의료에 관한 법률'에 의하면 공공 보건의료기관이 행하는 활동으로 되어 있다. 같은 법에 따라 의료수요에 대한 공급이 부족한 지역과 분야에 대하여 정부에서 지원을 하고 있다. 구체적으로 지방의료원과 적십자병원에 대한 시설과 장비 현대화를 위한 재정지원, 분만취약지역 지원과 함께 농어촌과 도시지역 보건(지)소 확충, 권역별 전문질환센터, 노인보건의료센터, 어린이병원, 권역별 심뇌혈관질환센터, 지역암센터, 신생아집중치료실 설치를 추진하고 있다.

2005년 12월 정부에서는 공공보건의료 확충 종합대책 (2005~2009)을 발표하고 추진하였다. 5개년에 걸쳐 약 4조 3천억원의 투자를 계획하였으나 실제로 약 3조 7천억원 (85.6%)을 확보하였다. 위와 같은 여러 시책을 추진하였으나 당초 목표로 한 공공병상 30% 확보는 민간병상의 증가추세로 달성하지 못하였다.

보건소법이 1995년 지방자치제도 실시와 함께 '지역보건법'으로 개정되었으며 1996년부터 광역과 지방 자치단체들이 4년마다 **지역보건의료계획**을 수립하고 매년 연도별 시행계획을 수립하게 되었다. 2013년은 제5차 지역보건의료계획(2011~ 2014) 기간에 들어있다. 지역보건 의료계획은 지역실정에 맞는 계획을 수립하고 주민의 건강욕구에 부응하는 프로그램을 개발하여 실시함으로써 서비스의 질을 높이고 주민건강을 향상시키는 것을 목적으로 하고 있다.

공중보건의사는 농어촌 등 보건의료 취약지역 주민에 대한 보건의료를 제공하기 위하여 1979년부터 도입된 제도이다. '농어촌 등 보건의료를 위한 특별조치법'에 따라 계약직공무원으로 보건소, 국공립병원, 공공보건의료 연구기관 등에 배치된다.

병역법에 따라 공중보건의로 편입된 의사, 치과의사와 한의사는

3년간 의무복무 기간을 마친 경우 공익근무요원으로 근무한 것으로 본다. 2011년 현재 공중보건의 4,545명이 활동 중이며 3,400명(74.8%)이 시군의 보건소나 읍면의 보건지소에서 근무 중이었다. 근래 여자 의대생의 증가로 공중보건의의 숫자는 감소 중에 있다.

우리나라 사망원인 중 높은 순위를 차지하고 있는 뇌혈관질환, 심장질환, 고의적 자해(자살)는 **응급의료**가 필요한 분야이다. 1988년 올림픽 개최를 계기로 응급의료 체계 구축이 본격적으로 추진되었고 1995년부터 '응급의료에 관한 법률'이 제정되어 시행되었다.

같은 법에 따라 지정기준을 충족한 의료기관을 응급의료기관으로 지정하고 24시간 응급환자를 진료할 수 있는 체계를 유지하고 있다. 2013년 1월 현재 권역별 응급의료센터 21개소, 전문응급의료센터 2개소, 지역응급의료센터 113개소, 지역 응급의료기관 300개소 총 436개소의 응급의료기관이 지정되어 있다.

교통범칙금을 재원으로 하는 응급의료기금도 설치되어 24시간 외상환자 진료체계구축과 예방 가능한 응급환자 사망률 감소를 위한 노력도 진행되고 있으며, 도서지역과 산간지역 응급환자 이송을 위한 응급의료 전용헬기도 배치되고 있다. 응급의료의 문제점으로 대도시 대형병원의 응급실의 경우 환자집중 및 장시간 진료대기를 들고 있으며, 중소병원의 경우 응급환자 진료역량 부족과 인력확보 어려움 등을 들고 있다.

2013년 4월 진주의료원의 폐업을 둘러싸고 경상남도와 병원노조가 대립하여 언론에 보도되었다. 전국에 있는 34개의 **지방의료원**은 수익성이 낮아 민간병원이 기피하는 분만센터, 정신병동, 심혈관질환센터, 장애인치과, 보호자 없는 병동 등을 설치하여 운영하거나 외국인근로자·탈북자 무료진료와 의료급여환자와 같은 저소득층 환자진료를 수행하여 지역사회의 의료사각지대 해소에 기여하고 있다.

2012년 7월 보건복지부가 발표한 2011년 지방의료원 경영실태 분석자료에 의하면 34개 지방의료원 중 흑자는 7개소이며 나머지 27개소는 적자였다. 2011년 흑자를 낸 7개의 지방의료원은 청주, 충주, 서산, 포항, 김천, 울진, 제주 의료원이며 34개 지방의료원의 부채총액은 5,140억원으로 평균 151억원의 부채를 가지고 있다.

지방의료원은 민간병원과 달리 비보험 고액 검사나 고가 의약품이 적고 선택진료와 상급병실료가 없거나 낮아 상대적으로 수익성이 낮을 수밖에 없는 구조이다. 지방의료원들은 서비스 질 향상과 경영개선을 목적으로 대학병원 위탁운영, 종합건강진단센터 설치, 한·양방 협진 등 다양한 혁신방안을 추진하고 있다.

31. 한(방)의약에 대하여

선진국과 WHO에서 전통의학과 대체의학에 대한 연구와 개발에 관심을 가지고 육성을 추진하고 있으며, 우리나라도 한의학을 생명자원산업으로 육성하기 위하여 2004년 8월 '한의약육성법'을 만들어 시행하고 있다. 1993년 6월에 보건복지부 의정국내 설치된 한방의료담당관실이 1996년 11월 두 개의 과를 가진 한방정책관실로 승격되었고, 정부에서는 1차 한의약육성발전계획(2006~2010)에 이어 2차 한의학 육성발전계획(2011~2015)을 추진 중에 있다. 2차 계획기간 중 한의약 의료서비스 선진화, 한약 품질관리체계 강화, R&D 지원 확대와 한의약산업 글로벌화 4개 분야에 약 1조원의 투자를 할 계획으로 있다.

2012년 6월 현재 한의사는 21,988명, 한약사는 1,775명, 한약조제약사는 26,631명, 한약업사는 1,367명, 그리고 침구사는 28명이 있다. 부산대학교에 한의학전문 대학원이 정원 50명으로 2008년 신설되었으며, 경희대학교 한의과대학 등 11개의 한의대가 있으며, 한약학과는 3개(정원 120명)가 있다.

2012년 6월 현재 한방병원은 160개소, 한의원은 12,430개소, 침구시술소는 26개소, 한약도매소는 883개소, 한약방은 1,367개소, 한약국은 569개소 그리고 한약재 제조업소는 247개소가 있다.

정부에서는 동의보감 발간 400주년이 되는 2013년을 계기로 한의학을 세계적인 브랜드로 육성하기 위하여 2009년 6월 동의보감을 공중보건의학서 최초로 유네스코 세계문화유산에 등재하였고 총 5편 25책의 동의보감에 대한 영역본 발간도 추진하고 있다. 아울러, 2013년 9월에 경상남도 산청에서 세계전통의학 엑스포를 개최했다.

32. 의료자원(병의원, 의료인)에 대하여

우리나라의 의료인력은 대학과 전문대학에서 양성되고 있다. 2011년 의료인력에 대한 입학정원으로 41개 의과대학에 3,058명, 11개 치과대학에 750명, 12개 한의과대학에 750명, 35개 약학대학에 1,700명, 112개 간호대학에 7,798명, 90개 간호전문대학에 9,123명이 있다.

2011년 현재 의료인의 수(면허등록 현황)를 살펴보면 의사가 104,332명, 한의사 19,846명, 치과의사 26,087명, 약사 62,245명, 조산사 8,562명, 간호사 282,656명, 간호조무사 493,359명, 의료기사(임상병리사, 방사선사, 물리치료사, 작업치료사, 치과기공사, 치과위생사) 199,538명, 의무기록사 16,453명, 안경사 34,791명, 응급구조사 17,855명이 있다.

2011년 말 의사들의 취업형태를 살펴보면 취업의사 총 84,544명 중 42.3%인 35,811명이 종합병원에, 40.7%인 34,413명이 의원에, 14.5%인 12,239명이 병원에, 2.6%인 2,081명이 보건기관에 근무하고 있는 것으로 나타났다. 같은 해 전체의사 104,332명 중 전문의는 76,379명으로 73.2%를 점유하고 있다.

위에 있는 의료인력과 영양사, 위생사, 의지보조기사 등 23개의 보건의료직종에 대한 국가시험 전담관리기관으로 한국보건의료인 국가시험원(재단법인)이 1998년 5월 설립되었다.

2012년 우리나라의 의료기관은 62,853개소(허가병상수: 602,969개)이며 그 가운데 종합병원 322개(137,993병상), 병원 1,421개(193,973병상), 의원 28,033개 (94,869병상), 요양병원 1,102개

(160,267병상), 한방병원 201개(12,137병상), 한방 의원 12,705개 (2,846병상), 치과병원 201개(320병상), 치과의원 15,365개(52병상), 조산원 33개(79병상), 보건소 등 3,469개(433병상)가 있다.

2010년 기준 인구 1천명 당 급성병상수와 의료인력에 대한 국제비교를 살펴보면 병상수의 경우 우리나라는 5.5병상, 프랑스 3.5병상, 독일 5.7병상, 일본 8.1병상, 영국 2.4병상이다. 의료 활동 중인 의사의 수는 우리나라 2.0명, 독일 3.7명, 일본 2.2명, 영국 2.7명, 미국 2.4명이다. 간호사 수는 우리나라 4.6명, 독일 11.3명, 일본 10.1명, 영국 9.6명이다. 선진국에 비하여 우리나라는 상대적으로 간호사가 적음을 알 수 있다.

이야기 41

2012년 4월 의료법 개정으로 의료인의 보수교육 이수가 강화되었고 취업상황 신고제가 도입되었다. 이에 따라 의료기관 등에 종사하는 의료인은 최초 면허를 받거나 재발급 면허를 받은 후 3년마다 그 실태와 취업상황을 보건복지부장관에게 신고하여야 한다.

취업 중인 의사, 치과의사, 한의사, 조산사와 간호사는 신고 업무의 위탁을 받은 소속 협회(중앙회)에 연간 8시간의 보수교육을 이수 후 신고하여야 한다. 보수교육을 받지 아니한 경우 협회는 면허신고를 반려할 수 있다.

　　　　　2013년 4월 우리나라 처음으로 남성간호사회 창립총회가 열렸다. 2012년 말 남성간호사는 6,202명으로 전체 간호사의 2%도 채 안 된다. 이중 66%가 최근 5년간에 배출되었고 해마다 평균 19% 증가하고 있다.

　　대학 간호학과에 남학생 8천명이 재학 중이라고 한다. 경기침체로 취업이 어려운 요즈음 간호사는 취업이 쉽고 안정적인 소득(대학병원 초봉 3천만원 수준) 직군이며, 해외취업도 쉬워 남성간호사가 급증하고 있다고 한다.

33. 안전한 식품과 의약품에 대하여

식품정책은 안전하고 영양가 있는 식품을 국민에게 공급하는 것을 목표로 하고 있다. 1962년 식품위생법이 제정되면서 식품위생 행정 체계가 마련되기 시작하였으며 1998년에 식품의약품안전청이 설치되었다.

2002년에 건강기능식품에 관한 법률이 제정되었고, 2008년에는 범정부 식품안전정책 총괄기구인 식품안전정책위원회의 설치, 긴급회수와 위해원인 추적조사 대응체계 구축 등을 담고 있는 식품안전기본법도 제정되었다.

또한 식중독과 비만으로부터 어린이 건강을 보호하기 위하여 학교 주변 200m 범위 안에서 어린이식품안전구역(Green Food Zone)을 지정하고, 오후 5시부터 7시까지 고열량·저영양 식품의 방송광고를 제한하는 내용 등을 담은 어린이 식생활 안전관리 특별법도 제정하였다.

정부에서는 식품안전기본법에 따라 3년마다 식품안전기본계획을 수립하여 추진하고 있으며, 2013년 현재 제2차 식품안전기본 계획 (2012~2014)을 추진 중에 있다.

식품에 대한 관리는 식품의약품안전청(식품 및 건강기능식품), 농림수산식품부(농산물, 축산물과 수산물), 환경부(먹는 물), 기획재정부(주류)로 다원화되어 있었다. 1985년부터 농림부의 식품관리가 보건복지부로 이관되었으나 1998년 6월에 축산가공식품에 대한 관리 업무가 농림부로 다시 이관되었고, 2008년 새로운 정부의 출범과 함께 식품산업진흥업무도 농림수산식품부로 이관되었다.

2013년 박근혜 정부의 출범과 함께 정부조직이 개편되면서 축산과 수산식품 안전관련 업무가 식품의약품안전처로 이관되었고, 농림수산식품부는 농림축산 식품부로 그 명칭이 변경되었고 식품산업진흥업무만 맡게 되었다. 식품의약품 안전청이 새 정부에서 식품안전에 대한 컨트롤타워 역할을 맡게 되면서 식품의약품안전처로 승격되어 보건복지부에서 국무총리실 산하기관으로 이관되었다.

식품안전을 위하여 정부에서는 다양한 시책을 추진하고 있다. 최종 소비자가 구매단계(POS: point of sale, 계산대)에서 제품 바코드를 이용하여 위해식품 판매를 자동 차단하는 시스템을 운영 중이며 2011년 말 현재 28,803개소의 매장에 적용하고 있다.

식품사고 발생 시 신속한 원인규명과 회수를 돕고 소비자에게 생산부터 소비까지 식품이력정보를 제공하기 위하여 2008년 6월부터 식품이력 추적관리제도도 시행하고 있다. 2010년에 108개 품목, 2011년 252개 품목, 2012년 6월 말 309개 품목을 추적관리 대상으로 등록하였다.

2012년 4월 기준 식품업소 현황을 살펴보면 식품제조가공업 23,994개, 즉석판매 제조가공업 78,019개, 식품소분업 13,239개, 식품접객업 751,032개, 식품판매업 85,382개, 식품운반업 2,274개, 식품보존업 432개, 용기·포장류 제조업 2,205개, 집단급식소 39,080개가 있다.

식품접객업 751,032개소를 구체적으로 살펴보면 일반음식점 598,545개, 휴게 음식점 81,437개, 제과점 16,246개, 단란주점 15,088개, 유흥주점 31,068개, 위탁 급식영업 8,648개소가 있다.

의약품정책은 안전하고 효과성 있는 의약품을 국민에게 제공하고 의약품산업을 진흥하는 것을 목표로 하고 있다. 의약품, 의료기기와 화장품에 대한 인허가와 안전에 대한 업무는 식품의약품안전처가 맡고 있으며, 보건복지부는 산업진흥과 유통 업무를 맡고 있다.

2010년 10월부터 의약품 등 유통의 투명한 거래를 목적으로 약사법, 의료기기법, 의료법을 개정하여 의약품 등의 채택과 관련하여 부당한 경제적 이익을 제공한 자와 받은 자를 함께 처벌하는 '**리베이트 쌍벌죄**'를 시행하고 있다. 위반 시 2년 이하의 징역이나 3천만원 이하의 벌금에 처하게 된다.

이야기 43

2013년 3월 22일자 서울신문 칼럼에 유모국가(nanny state)와 빅브라더에 이야기가 실렸다.

유모국가란 정부가 과거 리콴유 총리시절 싱가포르처럼 국민의 건강과 안전, 복지향상을 위해 마치 유모가 어린아이를 돌보듯 세세한 부분까지 간섭하고 통제하는 것을 일컬으며, 비판론자들은 유모국가가 개인의 자유와 선택권을 침해한다고 주장한다.

그 사례로 미국 뉴욕시장의 대용량 탄산음료 판매금지조치를 주대법원이 제동한 것을 들고 있다.

보건복지부의 연혁을 살펴보면 세월이 흐르면서 명칭 변경과 함께 그 기능과 조직이 확대되어왔다. 1945년 과도 정부에서 신설된 위생국이 보건후생국을 거쳐 1947년 보건후생부로 개편되었고, 1948년 정부수립 후 보건후생부를 인수하여 사회부를 신설하였다. 사회부에서 보건부가 분리된 후 1955년 두 부처가 통합되어 보건사회부가 되었다.

1994년 보건복지부로 변경된 후 2008년 3월 보건복지가족부로 확대되었다. 2010년 3월 가족업무와 청소년업무를 여성부로 이관하면서 다시 보건복지부로 변경되었다.

2013년 3월 현재 정부조직법에 따라 보건복지부는 보건위생, 방역, 의정(醫政), 약정(藥政), 생활보호, 자활지원, 사회보장, 아동(영유아보육 포함), 노인 및 장애인에 관한 사무를 관장하고 있다. 조직은 본부가 장관, 차관, 4실 5국 1 대변인 64과로 구성되었고, 12개의 소속기관에 정원은 3,009명(본부 731명, 소속기관 2,278명) 이다. 같은 해 보건복지부의 예산은 41조 673억원이다.

34. 보건산업정책에 대하여

보건의료산업은 기술집약적이며 고부가가치 산업으로 향후 차세대 주력 성장 산업의 잠재력을 가지고 있다. 보건산업의 육성을 통하여 국가경쟁력 강화는 물론 국민의 생명보호와 건강향상에 기여할 수 있을 것으로 보인다.

2013년 2월에 출범한 박근혜정부는 국정과제의 하나로 보건산업과 고령친화 산업의 육성을 추진하고 있다. 보건산업을 창조경제 이행을 위한 핵심산업으로 육성하고 글로벌 헬스케어 시장을 선점, 새로운 성장동력을 창출함을 목적으로 제약·의료기기·화장품 산업의 육성, 신 의료·융합서비스 발전기반 조성, 전략적 보건의료 R&D 강화, 해외환자 유치활성화, 의료수출 추진과 한의약의 세계화를 추진한다.

고령화에 대응하여 건강증진·웰빙 등 친고령산업 및 항노화산업을 또 하나의 미래 성장산업으로 육성하기 위하여 항노화와 친고령산업을 육성하고, 친고령산업 연구지원센터 지정 또는 건립과 국제행사 유치를 추진하고 융·복합적 R&D 촉진을 위한 여건마련을 한다.

이야기 45

　　　　　인구고령화 관련 국제행사의 하나로 유엔이 주최하는 세계고령화총회(World Assembly on Ageing)가 있다.

　유엔은 인구 고령화 추세에 회원국들이 능동적으로 대처하도록 제1차 세계고령화총회를 1982년 오스트리아 비엔나에서 개최하였고, 2002년에는 스페인 마드리드에서 2차 세계고령화대회를 개최하여 마드리드 국제고령화행동계획(MIPAA)을 채택한 바 있다.

　2022년 제3차 UN 세계고령화총회를 이제는 유럽이 아닌 아시아의 한국에서 개최한다면 여러 가지로 의미가 클 것으로 믿는다. 만약 유치를 성공한다면 우리나라의 장수사회 대비에 촉매제가 되지 않을까 기대를 해본다.

　2002년 4월 2차 '유엔세계고령화총회' 때 반기문 유엔사무총장님은 당시 유엔총회의장 비서관으로, 저자는 정부대표로 마드리드 회의에 참석하였다.

이야기 46

　　　　　또 하나의 국제행사로 국제노년학·노인의학회(IAGG: International Association of Gerontology and Geriatrics)가 주최하는 "세계노년학·노년의학대회"가 있다.

　동 대회는 노인과 노화 연구 세계학술올림픽으로 불리며 2013년 6월 23일부터 27일까지 서울 코엑스에서 제20차 대회(20th World Congress of Gerontology and Geriatrics)가 사단법인 대한노인과학학술단체연합회 주관으로 개최되었다.

　20차 대회의 서울유치는 8년 전인 2005년 브라질 리우데자네이루에서 개최된 18차 대회 때 우리나라 민관합동 대표단의 노력으로 결정되었다. 당시 저자도 정부대표단의 한 명으로 참가를 하였다.

보건산업은 전통적으로 의료서비스, 제약, 의료기기와 화장품을 그 영역으로 삼고 있었으나 정보통신과 유전자 기술의 발달로 평생건강관리서비스, 원격의료 (U-헬스), 바이오인포메틱스(bio-informatics:유전체 정보의 분석·해석 등을 통해 개인 맞춤형 진단·치료·예방서비스 제공), 스마트돌봄서비스 등 그 영역을 넓혀가고 있다.

2009년 4월 **해외환자 유치 활성화**를 위한 의료법 개정 이후 우리나라를 찾은 해외환자 수가 2009년 6만명에서 2011년 12만명으로 2배가 늘었으며 진료수입도 같은 기간 565억원에서 1,822억원으로 3배로 급증하였다. 해외환자 유치를 통하여 의료통역사 등 새로운 일자리도 약 1,800명 창출한 것으로 나타났다. 의료를 수출산업으로 육성하기 위하여 의료관광객이 자유롭게 한국을 방문하여 치료를 받고 관광도 할 수 있는 시스템을 강화할 필요가 있다.

국내병원의 해외진출도 활발해지고 있다. 한국보건산업진흥원에 따르면 해외시장에 진출한 국내의료기관 수가 2009년 49개에서 2012년 91개로 늘었다. 중국에 진출한 의료기관이 31개, 미국 23개, 베트남 9개 몽골 7개, 카자흐스탄 4개, 대만 4개, UAE 3개, 러시아 2개 순이었다. 진료과목별로는 성형외과 19개, 한방 17개, 피부과 14개 순이었다.

2013년 4월 9일 진영 보건복지부장관과 압둘라 알 라비아 사우디 보건부장관이 의료수출 '쌍둥이 프로젝트' 협약을 체결했다. 삼성, 서울대 등 5개 국내병원이 사우디 수도 리야드의 킹파드왕립병원(KFMC)의 신경기초 연구센터, 뇌영상과학센터, 줄기세포 생산연구시설, 방사능치료시설, 심장과학센터 등 5개 센터를 짓고 운영하기로

했다고 한다.

70년대 중동 건설붐, 2000년대 전자제품과 자동차 수출에 이어 2013년 우리나라가 미국과 독일을 제치고 사우디정부와 협약을 체결하여 중동지역에 보건의료 기술을 수출하는 새로운 장을 열었다는 평가가 있다.

1995년부터 보건의료기술진흥법에 따라 **보건의료 연구개발사업**이 추진되고 있으며, 2011년의 경우 보건의료기술 연구개발, 선도형 특성화 연구사업, 감염병 위기대응 기술개발, 임상연구 인프라조성, 임상의과학자 양성, 글로벌 화장품 신소재·신기술 연구개발, 의료기기산업육성, 범부처 전주기 신약개발, 시스템 통합적 항암신약개발 등 분야에 총 2,367억원의 예산이 투입되었다. 1995년에서 2011년까지 국내외 연구논문 22,742건 그리고 특허 출원·등록 5,945건의 연구성과가 있었으며, 신약개발은 SK제약의 항암제 선플라주 등 12건의 신약이 출시되었다.

2013년 4월 산업통상자원부와 한국바이오협회가 발표한 '**국내바이오산업 실태조사**' 결과에 따르면 바이오산업 생산규모가 2007년 3조 7,140억원에서 2011년 6조 6,020억원으로 늘어 5년 사이에 두 배 성장한 것으로 나타났다. 연 증가율이 15.5%로 전자산업 증가율 12.7%보다 빨랐다.

생산에는 바이오식품(41.3%)과 바이오약품(39.5%)이 전체의 80% 이상을 차지하고 있고, 생산증가율에는 바이오 화학(45.9%)과 바이오전자(50.3%)가 약진을 하였다. 바이오화학은 식물바이오 매스를 원료로 화학제품을 제조하는 산업이며, 바이오전자는 전자기술과 생명 공학기술을 이용하여 의료와 분석제품을 제조하는 산업이다.

품목별 수출액과 비중은 시료첨가제(1조 885억원, 38.5%), 식품첨가물(3,736억원, 13.2%), 백신(2,518억원, 8.9%), 항암제(2,451억원, 8.7%) 순이었다. 바이오산업의 내수규모는 2011년 5조 2,718억원이며 종사인력은 3만 5,596명으로 파악되었다. 산업부는 2007년 이후 관련분야에 약 9,500억원을 지원했다고 발표하였다.

1997년 국가산업단지로 지정된 충북 청원군 **오송생명과학단지**는 2008년에 초기 인프라가 조성되었고 2010년에 질병관리본부, 국립보건연구원, 식품의약품안전청, 식품의약품안전평가원, 한국보건산업진흥원 그리고 한국보건복지인력개발원 6개의 국책기관이 서울에서 오송단지로 이전을 하였다. 정부에서는 산·학·연·관의 집적과 연계모델로서 오송생명과학단지의 기능강화를 추진하고 있다.

2008년 3월 첨단의료복합단지 지정 및 지원에 관한 특별법이 제정되었고, 정부에서는 대구광역시 동구 신서동 일원 103만㎡와 충북 오송생명과학단지내 113만㎡ 부지에 **첨단의료 복합단지** 조성을 추진하고 있다. 2011년 3월에 수립된 첨단의료 복합단지 종합계획에 의하면 2013년까지 연구개발 핵심시설 건립을 완료하고, 2009년부터 2038년 30년간 국가, 지자체, 민간이 총 8조 6천억원의 투자가 필요한 것으로 추계하고 있다.

이야기 47

오송 첨단의료 복합단지에서 2013년 5월 3일 오송 화장품 · 뷰티 세계박람회가 개막 되었다. 주최 측은 26일까지 열리는 박람회에서 관객 100만명, 참가기업 300개, 해외바이어 600명 이상을 목표로 하고 있다.

국내 최초로 국가지원을 받아 개최되는 화장품 관련 박람회로 360여개 국내 대표 화장품 및 뷰티 업체와 기업들이 참여를 하였다.

이야기 48

2013년 5월 3일 서울신문에 세계적인 의료인 김용과 이종욱에 대한 기사가 실렸다. 지난해 미국 오바마 대통령이 하버드 의대를 졸업 후 저개발국의 질병예방에 헌신적인 노력을 해 온 한국인 김용 다트머스대학교 총장을 세계은행 총재로 임명했다.

서울의대 졸업한 故 이종욱박사는 평생 개도국 질병예방에 헌신하였고 세계보건기구 (WHO) 예방백신국장을 역임 후 한국인 최초로 유엔 산하기구의 수장인 WHO 사무총장을 지냈다. 외교부장관을 역임한 반기문 유엔사무총장이 현재 최고의 국제기구 수장을 맡고 있다.

20여년 이상(?) 우리나라 최고의 인재들이 의과대학 · 치과대학 · 한의과대학을 입학했다. 앞으로 제2, 제3의 김용 세계은행 총재와 故 이종욱 WHO 사무총장과 같은 세계적인 인물들이 많이 등장하기를 기대한다.

아울러, 과거 중동건설 수출, 중화학공업과 정보통신분야 제품인 철강 · 선박 · 자동차 · 반도체 · 스마트폰 수출에 이어 이제는 우리나라 최고의 우수인력이 모여 있는 보건의료분야가 정보통신산업과 융합하여 차세대 성장동력으로 국내는 물론 외국서도 빛을 낼 것으로 믿는다.

35. 보건의료분야 국제협력에 대하여

2013년 우리나라의 복지분야 예산은 97조 4천억원으로 총예산의 28.4%를 차지하나 국제개발협력 예산은 2조 411억원으로 국내총생산(GDP)의 0.16%에 불과하다. 그러나 2조원은 국제사회에서 결코 작은 돈이 아니다. 2010년 OECD 개발원조위원회(DAC)에 가입하여 공식적으로 원조를 받는 나라에서 원조를 하는 나라가 된 우리나라가 앞으로 다 함께 잘 사는 세계를 만드는데 큰 역할을 할 것으로 기대된다.

유엔은 선진국에게 GDP의 0.7%를 개도국원조에 쓰도록 권고하고 있으며, OECD 회원국들은 평균적으로 GDP의 0.33%를 사용하고 있다. 새 정부의 국정과제에 공적개발원조(ODA) 규모를 2015년까지 GNI의 0.25%로 확대하는 내용이 포함되어 있다.

보건의료분야 개도국 원조를 수행하는 단체로 한국국제보건의료재단이 2004년 3월 보건복지부 산하 법인으로 설립되어 활동 중에 있다. 기획재정부의 경제개발 협력기금(EDCF)과 외교부의 한국국제협력단(KOICA)과 함께 우리나라의 개발도상국 원조활동(ODA)에 중요한 역할을 하고 있다.

기획재정부는 주로 개도국 사회인프라 건설을 유상원조를 통하여 수행하며, 외교부는 수천 명의 해외봉사단을 개도국 빈곤현장에 보내는 무상원조 활동을 KOICA를 통하여 수행하고 있다.

앞으로 보건의료분야는 물론 복지분야에 대한 개도국 원조활동도 활성화되기를 기대해 본다. 지구에 있는 200여개 나라 중 유일하게 우리나라는 식민지, 전쟁, 산업화와 민주화를 거쳐 1996년 OECD

회원국이 되어 선진국 대열에 합류하였다. 이러한 경험을 많은 개발도상국에 전하여 그들의 발전에 기여한다면 어떨까? 이제는 국내 사회복지를 넘어서 국제사회복지에 대한 탐색을 시작하자는 주장도 있다.

이야기 49

국민건강보험공단은 2004년부터 개발도상국 보건공무원들을 대상으로 건강보험 국제 연수과정을 운영하고 있다. 2012년에는 중국, 몽골, 캄보디아, 라오스, 인도네시아, 요르단, 소말리아 등 27개 국가에서 59명이 참가하였다.

2012년까지 매년 14~27개 국가에서 총 358명이 약 2주간의 연수과정을 다녀갔다. 강사로 우리나라 전문가뿐만 아니라 OECD, WHO, UN ESCAP, 국제사회보장협회 (ISSA) 관계자들도 참여하고 있다.

이야기 50

저자가 2000년대 초반 UN회의 참석차 뉴욕에 간 적이 있다. 그 때 주유엔한국대표부에서 일하시는 한 외교관으로부터 북구나라의 개도국 원조이야기를 들었다.

그들은 막대한 금액을 개발도상국 원조에 쓰고 있지만 도움을 받는 나라들의 입장을 고려하여 홍보를 하지 않는다고 하였다. 10여 년이 흘렀지만 원조에도 품격이 있는 나라 이야기를 아직도 기억하고 있다.

이야기
51

월드뱅크(IBRD) 자료에 따르면 2011년 현재 고소득 국가는 구매력평가기준 일인당 국민소득 (GNI)이 연 38,470.5$ 이상이며, 저소득국가는 연 1,372.4$이하이다. 고소득국가군(19개 국가)에 속하는 세계 인구는 11억 3,500만명이며, 저소득국가군 (49개 국가)에 속하는 세계 인구는 8억 1,700만명이다. 평균수명은 고소득국가들이 80.1세이고, 저소득국가들은 59.2세로 차이가 난다.

우리나라는 2011년 일 인당 국민소득은 20,870$이며, 세계 200여개 국가의 일인당 국민소득은 평균 9,514.2$이다. 일부 국가들의 일인당 국민소득을 살펴보면 미국 48,620$, 영국 37,780$, 프랑스 42,420$, 독일 44,230$, 캐나다 45,550$, 이태리 35,320$, 일본 44,900$, 그리스 24,490$, 스페인 30,930$, 스웨덴 53,170$, 중국 4,940$이다.

마음을 더하는 복지를 꿈꾸며

이 책을 처음 쓰려고 마음먹게 된 것은 집사람의 권유 때문이었다. 그동안 많은 책을 읽었으니 이제는 스스로 자기의 책을 써 보라고 이야기를 많이 했다. 2011년 말 보건복지부를 오랫동안 출입한 한 신문사 기자가 기사를 쓰려고 나에게 과거 업무를 물으며 기록을 찾기 쉽지 않다는 말을 했다. 만족스러운 답변을 못 한 나는 내심 많이 부끄러웠다.

또 30여년을 다닌 직장이 무슨 일을 하는 곳인지 말보다는 글로 남기는 것이 좋을 것 같다는 생각도 하게 되었다. 내 일생의 한 부분을 정리하여 보여준다는 생각으로 2012년 7월부터 보건복지부에서 하는 일과 내 생각을 기록하기 시작했다.

복지 관련 예산과 사업은 늘었으나 국민들의 복지만족도는 높지 않다는 비판이 있다. 여러 가지 이유가 있겠지만 돈을 주는 것으로, 쌀을 주는 것으로 끝나는데 있다는 말도 있다. 요즈음 경제가 어렵고 치열한 경쟁 속에서 살다보니 많은 국민들이 힘들어하고 있다. 복지현장에서 복지수급자들이 눈물을 흘리며 감동을 하는 것은 통장에 돈이 들어왔을 때, 명절 위문품을 받았을 때가 아니라고 한다. 안마를 해주거나, 소설을 읽어주고 말동무를 해주거나, 이발 혹은 목욕을 해드리거나, 끌어안고 격려를 해줄 때라고 한다. 그들은 외롭고 사회의 냉대가 서럽다고 한다.

어려운 사람들에게 희망과 행복을 주려면 복지와 함께 사랑과 정이 가야한다. 이미 복지분야에서 일하시는 많은 분들이 사명감을 갖고 사랑을 실천하고 계신다. 사랑과 정을 주는 마음을 더하는 복지를 하려면 복지업무를 하는 공무원, 복지 기관과 시설의 종사자, 자원봉사 하시는 분들이 먼저 행복해야 한다. 약하고 힘든 분들에게 살아갈 희망을 주려면 복지전달자인 나도 희망과 꿈이 있어야 한다고 믿는다. 어려운 분들에게 살아갈 희망을 주는 것이 복지의 역할이라고 믿는다.

돈은 쓸수록 줄어들지만 마음은 쓸수록 넉넉해진다. 가족, 이웃, 친구, 동료, 어려운 분들, 길에서 지나치는 낯선 사람들에게 따뜻한 눈길, 미소나 말 한마디를 나누는 것도 복지라고 믿는다.

마음을 바꾸면 세상이 바뀐다. 마음이 에너지다. 한 사람이 꿈을 꾸면 그냥 꿈이지만 많은 사람이 함께 꿈꾸면 현실이 된다. 마음을 더하는 복지가 현실이 되도록 많은 사람들이 함께 하기를 빈다.

Epilogue1

이 책은 저자가 2013. 7. 23 교보문고에 전자책(e-book)으로 출간한 "알기 쉬운 복지이야기 2013년 판"을 일부 수정하고 사진을 곁들였다. 세월이 가면 잊히는 삶의 흔적을 남기고 싶어 내가 20년을 살아 온 군포시(산본) 수리산과 2008. 3월부터 2013. 12월까지 보건복지부 사무실이 있었던 서울시 종로구 계동 현대빌딩 인근의 풍경 사진을 책에 담았다. 보건복지부가 2013. 12. 13 세종특별자치시로 이사한 후 청사 사진도 곁들였다.

Epilogue2

요즈음 한 공중파 방송국에서 방영 중인 드라마 '별에서 온 그대'를 재미있게 보고 있다. 드라마나 영화를 볼 때 재미있어 시간이 잘 간다. 우리가 일할 때 재미있게 할 수는 없을까? 내가 왜 이 일을 하는가? 내가 하는 일의 의미나 가치는 무엇인가? 스스로 일에 대한 의미와 가치를 찾거나 부여하면 좋지 않을까?

Epilogue3

요즈음 부쩍 국내외에서 한반도 통일에 대한 논의가 활발해졌다. 중요한 것은 필요한 것을 준비하는 실천이다. 정치, 경제, 사회, 문화, 그리고 복지 분야에서 통일에 대한 준비를 차분히 해 나가야 할 것으로 보인다.

INDEX
찾아보기

부록

Contents

목차

우리나라 국세와 지방세 현황

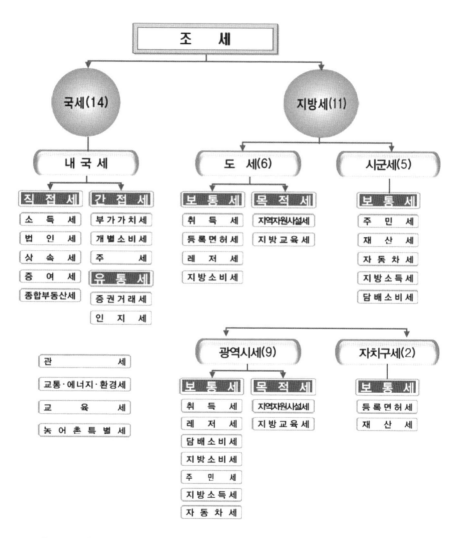

주) 단, 서울시는 특별시와 자치구간 재산세 공동과세

2013년 시·도 예산(복지예산) 현황

출처 : 2013 지방자치단체 통합재정 개요, 안전행정부

(단위 : 억원, %)

시·도 (17개)	예산액1)	재정2) 자립도 (%)	세입		세출3)			사회복지 (%)	비고 (총계예산)
			국고이전4) (%)	자체수입5) (%)	보조사업 (%)	자체사업 (%)	기타6) (%)		
전국 합계	1,568,887	51.1	656,332 (41.8)	912,555 (58.2)	650,223 (42)	600,334 (38)	318,330 (20)	349,921 (22.3)	2,088,886
서울 특별시	234,835	88.8	26,650 (11)	208,185 (89)	93,124 (29)	148,109 (45)	83,751 (26)	102,365 (31.5)	324,984
부산 광역시	88,758	56.6	34,806 (39)	53,952 (61)	50,716 (43)	35,291 (30)	32,057 (27)	41,376 (35.0)	118,063
대구 광역시	62,365	51.8	27,677 (44)	34,688 (56)	40,744 (49)	23,291 (28)	18,979 (23)	27,827 (33.5)	83,014
인천 광역시	77,170	67.3	20,663 (27)	56,507 (73)	43,974 (44)	36,791 (36)	19,880 (20)	29,170 (29.0)	100,644
광주 광역시	35,632	45.4	17,209 (48)	18,423 (52)	26,413 (55)	12,301 (26)	9,238 (19)	18,462 (38.5)	47,952
대전 광역시	35,924	57.5	12,491 (35)	23,433 (65)	22,789 (47)	17,278 (36)	8,033 (17)	17,362 (36.1)	48,099
울산 광역시	29,301	70.7	7,394 (25)	21,907 (75)	16,996 (45)	12,776 (34)	8,241 (21)	9,568 (25.2)	38,013
세종특별 자치시	5,670	38.8	2,996 (53)	2,674 (47)	2,493 (42)	2,508 (42)	953 (16)	1,089 (18.3)	5,954

1) 순계예산: 총계예산에서 보조금, 교부금, 전출입금 등 중복되는 부분을 공제한 예산
2) 전국과 시도별 평균은 순계예산 기준이며, 시군구 수치는 총계예산 기준임
3) 전국을 제외한 시도와 시군구의 세출은 총계예산 기준임
4) 교부세와 보조금의 합계
5) 지방세수입, 세외수입, 지방채 및 예치금회수의 합계
6) 기타는 행정운영 경비와 재무활동 예산을 합한 액수임

시·도 (17개)	예산액[1]	재정[2] 자립도 (%)	세입		세출[3]			사회복지 (%)	비고 (총계예산)
			국고이전[4] (%)	자체수입[5] (%)	보조사업 (%)	자체사업 (%)	기타[6] (%)		
경기도	294,192	71.6	66,814 (23)	227,378 (77)	139,851 (36)	172,297 (45)	74,262 (19)	96,932 (25.1)	386,410
강원도	77,646	26.6	51,868 (67)	25,778 (33)	54,320 (53)	28,183 (28)	19,164 (19)	21,671 (21.3)	101,667
충청북도	63,250	34.2	37,053 (58)	26,197 (42)	44,415 (53)	26,863 (32)	12,552 (15)	20,759 (24.8)	83,830
충청남도	87,045	36.0	49,009 (56)	38,036 (44)	64,126 (55)	34,321 (29)	18,382 (16)	25,191 (21.6)	116,830
전라북도	85,111	25.7	58,318 (68)	26,793 (32)	70,164 (60)	30,973 (26)	16,209 (14)	30,148 (25.7)	117,346
전라남도	104,741	21.7	75,903 (72)	28,838 (28)	83,828 (60)	35,007 (25)	21,609 (15)	31,775 (22.6)	140,443
경상북도	132,730	28.0	84,613 (64)	48,117 (36)	95,045 (54)	48,717 (27)	33,682 (19)	38,876 (21.9)	177,444
경상남도	123,212	41.7	62,424 (51)	60,788 (49)	84,110 (51)	52,305 (32)	28,110 (17)	39,314 (23.9)	164,525
제주특별 자치도	31,305	30.6	20,444 (65)	10,861 (35)	16,250 (48)	9,333 (28)	8,084 (24)	6,478 (19.2)	33,667

1) 순계예산: 총계예산에서 보조금, 교부금, 전출입금 등 중복되는 부분을 공제한 예산
2) 전국과 시도별 평균은 순계예산 기준이며, 시군구 수치는 총계예산 기준임
3) 전국을 제외한 시도와 시군구의 세출은 총계예산 기준임
4) 교부세와 보조금의 합계
5) 지방세수입, 세외수입, 지방채 및 예치금회수의 합계

2013년 서울특별시/구 예산(복지예산) 현황

출처 : 2013 지방자치단체 통합재정 개요, 안전행정부

(단위 : 억원, %)

| 시·도명 (사군구) | 예산액[1] | 재정[2] 자립도 (%) | 세출[3] | | | 사회복지 (%) |
			보조사업 (%)	자체사업 (%)	기타[4] (%)	
합 계	32조 4,984	88.8	9조 3,124 (29)	14조 8,109 (45)	8조 3,751 (26)	10조 2,365 (31.5)
시본청	23조 5,069	87.7	5조 2,425 (22)	12조 6,836 (54)	5조 5,808 (24)	6조 4,428 (27.4)
자치구계 (25구)	8조 9,915	41.8	4조 699 (45)	2조 1,273 (24)	2조 7,943 (31)	3조 7,936 (42.2)
종로구	2,724	61	1,054 (38)	565 (21)	1,105 (41)	728 (26.7)
중구	2,827	70.9	771 (27)	893 (32)	1,162 (41)	738 (26.1)
용산구	2,715	55.4	899 (33)	605 (22)	1,211 (45)	909 33.5)
성동구	3,015	48.7	1,073 (36)	711 (24)	1,231 (40)	1,004 (33.3)
광진구	2,884	34.2	1,260 (44)	511 (17)	1,113 (39)	1,149 (39.8)
동대분구	3,424	35.9	1,628 (47)	671 (20)	1,125 (33)	1,429 (41.7)
중랑구	3,477	28	1,831 (53)	553 (16)	1,094 (31)	1,715 (49.3)
성북구	4,025	30.5	1,833 (46)	1,141 (28)	1,051 (26)	1,773 (44)
강북구	3,296	26.2	1,778 (54)	459 (14)	1,059 (32)	1,700 (51.6)
도봉구	2,997	27.6	1,461 (49)	583 (19)	953 (32)	1,425 (47.5)
노원구	5,033	22.3	2,975 (59)	736 (15)	1,321 (26)	2,737 (54.4)
은평구	3,979	29.2	2,107 (53)	881 (22)	992 (25)	2,053 (51.6)
서대문구	3,073	39.2	1,276 (42)	835 (27)	963 (31)	1,192 (38.8)

시·도명 (시군구)	예산액[1]	재정 자립도[2] (%)	세출[3]			사회복지 (%)
			보조사업 (%)	자체사업 (%)	기타[4] (%)	
마포구	3,715	46.1	1,436 (38)	1,140 (31)	1,139 (31)	1,449 (39)
양천구	3,964	35.8	1,920 (48)	977 (25)	1,067 (27)	1,696 (42.8)
강서구	4,594	29.7	2,590 (56)	815 (18)	1,189 (26)	2,421 (52.7)
구로구	3,553	32.1	1,787 (50)	775 (22)	991 (28)	1,672 (47.1)
금천구	2,881	39.1	1,433 (50)	472 (16)	976 (34)	1,292 (44.8)
영등포구	3,700	49.4	1,557 (42)	1,103 (30)	1,041 (28)	1,463 (39.5)
동작구	3,199	40	1,559 (49)	608 (19)	1,032 (32)	1,416 (44.3)
관악구	3,831	33	1,836 (48)	819 (21)	1,176 (31)	1,706 (44.5)
서초구	3,459	73.8	1,219 (35)	1,238 (36)	1,002 (29)	1,014 (29.3)
강남구	5,438	75.9	1,858 (34)	2,166 (40)	1,415 (26)	1,863 (34.3)
송파구	4,433	55.1	1,897 (43)	1,194 (27)	1,343 (30)	1,873 (42.3)
강동구	3,679	39.1	1,664 (45)	821 (22)	1,195 (33)	1,607 (43.7)

1) 총계예산
2) 시도별 평균은 순계예산 기준이며, 시군구 수치는 총계예산 기준임
3) 시도와 시군구의 세출은 총계예산 기준임
4) 기타는 행정운영 경비와 재무활동 예산을 합한 액수임

2013년 부산광역시/군·구 예산(복지예산) 현황

출처 : 2013 지방자치단체 통합재정 개요, 안전행정부

(단위 : 억원, %)

시·도명 (사군구)	예산액[1]	재정[2] 자립도 (%)	세출[3]			사회 복지 (%)
			보조사업 (%)	자체사업 (%)	기타[4] (%)	
합 계	11조 8,063	56.6	5조 717 (43)	3조 5,291 (30)	3조 2,057 (27)	4조 1,377 (35)
시본청	8조 3,605	51.8	3조 517 (36)	2조9,043 (35)	2조 4,044 (29)	2조 4,864 (28.8)
군구계 (1군, 15구)	3조 4,459	27.3	2조 199 (59)	6,247 (18)	8,012 (23)	1조 6,513 (47.9)
군계	3,636	37.4	1,895 (52)	915 (25)	826 (23)	768 (21.1)
기장군	3,636	37.4	1,895 (52)	915 (25)	826 (23)	768 (21.1)
자치구계	3조 823	26.3	1조 8,304 (60)	5332 (17)	7,187 (23)	1조 5,745 (51.1)
중구	1,017	30	397 (39)	269 (26)	352 (35)	317 (31.2)
서구	1,651	13.6	963 (59)	287 (17)	401 (24)	814 (49.3)
동구	1,528	19.8	796 (52)	255 (17)	477 (31)	754 49.3)
영도구	1,531	14.4	953 (63)	189 (12)	389 (25)	856 (55.9)
부산진구	3,076	30.8	1,887 (61)	509 (17)	680 (22)	1,679 (54.6)
동래구	1,958	25.9	1,191 (60)	324 (17)	444 (23)	996 (50.9)
남구	1,951	26.9	1,082 (55)	368 (19)	502 (26)	949 (48.6)
북구	2,487	15.9	1,723 (69)	311 (13)	453 (18)	1,559 (62.7)
해운대구	3,200	34.1	2,005 (63)	557 (17)	638 (20)	1,724 (53.9)

시·도명 (시군구)	예산액[1]	재정[2] 자립도 (%)	세출[3]			사회 복지 (%)
			보조사업 (%)	자체사업 (%)	기타[4] (%)	
사하구	2,809	22	1,926 (68)	360 (13)	523 (19)	1,637 (58.3)
금정구	2,279	26.6	1,380 (60)	377 (17)	523 (23)	1,123 (49.3)
강서구	1,569	47.8	697 (45)	507 (32)	364 (23)	443 (28.2)
연제구	1,991	32.3	1,036 (52)	369 (19)	586 (29)	941 (47.3)
수영구	1,513	26.1	853 (56)	282 (19)	379 (25)	719 (47.5)
사상구	2,262	25.8	1,416 (63)	369 (16)	476 (21)	1,233 (54.5)

1) 총계예산
2) 시도별 평균은 순계예산 기준이며, 시군구 수치는 총계예산 기준임
3) 시도와 시군구의 세출은 총계예산 기준임
4) 기타는 행정운영 경비와 재무활동 예산을 합한 액수임

2013년 대구광역시/군·구 예산(복지예산) 현황

출처 : 2013 지방자치단체 통합재정 개요, 안전행정부

(단위 : 억원, %)

시·도명 (사군구)	예산액[1]	재정[2] 자립도 (%)	세출[3]			사회 복지 (%)
			보조사업 (%)	자체사업 (%)	기타[4] (%)	
합 계	8조 3,104	51.8	4조 744 (49)	2조 3,291 (28)	1조 8,979 (23)	2조 7,827 (33.5)
시본청	5조 9,085	46.5	2조 6159 (44)	1조 9,047 (32)	1조 3,879 (24)	1조 5,762 (26.7)
군구계 (1군, 7구)	2조 3,929	27	1조 4,585 (61)	4,244 (18)	5,100 (21)	1조 2,065 (50.4))
군계	4,060	36.6	1,790 (44)	1,696 (42)	573 (14)	1,071 (26.4)
달성군	4,060	36.6	1,790 (44)	1,696 (42)	573 (14)	1,071 (26.4)
자치구계	1조 9,869	25.1	1조 2,794 (64)	2,547 (13)	4,527 (23)	1조 995 (55.3)
중구	1,394	34.7	688 (49)	223 (16)	483 (35)	540 (38.7)
동구	3,342	20.1	2,343 70)	330 (10)	669 (20)	2,010 (60.1)
서구	1,981	19.9	1,240 (62)	214 (11)	527 (27)	1,095 (55.3)
남구	1,827	17.4	1,154 (63)	183 (10)	490 (27)	1,005 (55)
북구	3,670	23.6	2,445 (67)	455 (12)	770 (21)	2,014 (54.9)
수성구	3,493	29.4	2,140 (62)	571 (16)	782 (22)	1,806 (51.7)
달서구	4,162	29.7	2,786 (67)	571 (14)	805 (19)	2,524 (60.6)

1) 총계예산
2) 시도별 평균은 순계예산 기준이며, 시군구 수치는 총계예산 기준임
3) 시도와 시군구의 세출은 총계예산 기준임
4) 기타는 행정운영 경비와 재무활동 예산을 합한 액수임

2013년 인천광역시/군·구 예산(복지예산) 현황

출처 : 2013 지방자치단체 통합재정 개요, 안전행정부

(단위 : 억원, %)

시·도명 (사군구)	예산액[1]	재정[2] 자립도 (%)	세출[3]			사회 복지 (%)
			보조사업 (%)	자체사업 (%)	기타[4] (%)	
합 계	10조 644	67.3	4조 3,974 (44)	3조 6,791 (37)	1조 9,879 (19)	2조 9,170 (29.0)
시본청	6조 9,768	64.6	2조 5,974 (37)	2조 9,488 (42)	1조 4,307 (21)	1조 5,845 (22.7)
군구계 (2군, 8구)	3조 876	31.1	1조 8,000 (58)	7,304 (24)	5,572 (18)	1조 3,325 (43.2)
군계	5,744	13.5	3,348 (58)	1,431 (25)	965 (17)	819 (14.3)
강화군	3,523	12.9	2,091 (59)	859 (24)	574 (17)	610 (17.3)
옹진군	2,221	14.3	1,258 (57)	572 (26)	391 (17)	209 (9.4)
자치구계	2조 5,132	35.2	1조 4,652 (58)	5,873 (23)	4,607 (19)	1조 2,507 (49.8)
중구	2,206	54.3	879 (40)	834 (38)	493 (22)	649 (29.4)
동구	1,320	26.1	626 (47)	351 (27)	342 (26)	531 (40.2)
남구	3,437	25.6	2,164 (63)	617 (18)	657 (19)	1,915 (55.7)
연수구	2,755	42.3	1,494 (54)	752 (27)	508 (19)	1,349 (49.0)
남동구	4,446	39.6	2,615 (59)	1,123 (25)	708 (16)	2,226 (50.1)
부평구	4,349	27	2,944 (68)	657 (15)	748 (17)	2,547 (58.6)
계양구	2,731	23.9	1,662 (61)	569 (21)	500 (18)	1,400 (51.3)
서구	3,889	43.9	2,268 (58)	970 (25)	651 (17)	1,889 (48.6)

1) 총계예산
2) 시도별 평균은 순계예산 기준이며, 시군구 수치는 총계예산 기준임
3) 시도와 시군구의 세출은 총계예산 기준임
4) 기타는 행정운영 경비와 재무활동 예산을 합한 액수임

2013년 광주광역시/구 예산(복지예산) 현황

출처 : 2013 지방자치단체 통합재정 개요, 안전행정부

(단위 : 억원, %)

시·도명 (시군구)	예산액[1]	재정[2] 자립도 (%)	세출[3]			사회 복지 (%)
			보조사업 (%)	자체사업 (%)	기타[4] (%)	
합 계	4조 7,952	45.4	2조 6,413 (55)	1조 2,301 (26)	9,238 (19)	1조 8,462 (38.5)
시본청	3조 4,313	40.1	1조 7,225 (50)	1조 533 (31)	6,554 (19)	1조 590 (30.9)
자치구계 (5구)	1조 3,639	19.3	9,187 (67)	1,768 (13)	2,683 (20)	7,873 (57.7)
동구	1,604	16.8	974 (61)	233 (15)	397 (24)	813 (50.7)
서구	2,627	24.5	1,678 (64)	385 (15)	564 (21)	1,424 (54.2)
남구	2,152	14.4	1,431 (66)	283 (13)	438 (21)	1,172 (54.5)
북구	3,675	16.8	2,595 (71)	393 (11)	687 (18)	2,392 (65.1)
광산구	3,582	22.3	2,509 (70)	474 (13)	597 (17)	2,072 (57.8)

1) 총계예산
2) 시도별 평균은 순계예산 기준이며, 시군구 수치는 총계예산 기준임
3) 시도와 시군구의 세출은 총계예산 기준임
4) 기타는 행정운영 경비와 재무활동 예산을 합한 액수임

2013년 대전광역시/구 예산(복지예산) 현황

출처 : 2013 지방자치단체 통합재정 개요, 안전행정부

(단위 : 억원, %)

시·도명 (사군구)	예산액[1]	재정[2] 자립도 (%)	세출[3]			사회 복지 (%)
			보조사업 (%)	자체사업 (%)	기타[4] (%)	
합　계	4조 8,099	57.5	2조 2,789 (47)	1조 7,278 (36)	8,033 (17)	1조 7,362 (36.1)
시본청	3조 3,755	52.2	1조 3,303 (39)	1조 5,405 (46)	5,047 (15)	1조 105 (29.9)
자치구계 (5구)	1조 4,344	23.7	9,486 (66)	1,872 (13)	2,986 (21)	7,256 (50.6)
동구	2,957	15.8	2,047 (69)	296 (10)	613 (21)	1,566 (53)
중구	2,607	19.8	1,715 (66)	283 (11)	609 (23)	1,363 (52.3)
서구	3,605	23.9	2,414 (67)	471 (13)	721 (20)	1,972 (54.7)
유성구	2,815	37.2	1,667 (59)	609 (22)	540 (19)	1,182 (42)
대덕구	2,360	21	1,644 (70)	213 (9)	503 (21)	1,174 (49.7)

1) 총계예산
2) 시도별 평균은 순계예산 기준이며, 시군구 수치는 총계예산 기준임
3) 시도와 시군구의 세출은 총계예산 기준임
4) 기타는 행정운영 경비와 재무활동 예산을 합한 액수임

2013년 울산광역시/군·구 예산(복지예산) 현황

출처 : 2013 지방자치단체 통합재정 개요, 안전행정부

(단위 : 억원, %)

시·도명 (사군구)	예산액[1]	재정[2] 자립도 (%)	세출[3]			사회 복지 (%)
			보조사업 (%)	자체사업 (%)	기타[4] (%)	
합 계	3조 8,013	70.7	1조 6,996 (45)	1조 2,776 (34)	8,241 (21)	9,568 (25.2)
시본청	2조 5,462	62.7	1조 208 (40)	9,542 (37)	5,712 (23)	5,267 (20.7)
군구계 (1군, 4구)	1조 2,551	39.6	6,787 (54)	3,234 (26)	2,529 (20)	4,301 (34.3)
구계	4,345	45.7	2,306 (53)	1,309 (30)	730 (17)	1,149 (26.4)
울주군	4,345	45.7	2,306 (53)	1,309 (30)	730 (17)	1,149 (26.4)
자치구계	8,207	36.3	4,481 (55)	1,926 (23)	1,800 (22)	3,153 38.4
중구	1,962	21.2	1,150 (59)	384 (20)	429 (21)	796 (40.6)
남구	2,782	47.7	1,359 (49)	821 (30)	602 (21)	965 (34.7)
동구	1,593	34.3	900 (56)	303 (19)	391 (25)	616 (38.7)
북구	1,870	37.8	1,073 (57)	418 (22)	379 (21)	775 (41.4)

1) 총계예산
2) 시도별 평균은 순계예산 기준이며, 시군구 수치는 총계예산 기준임
3) 시도와 시군구의 세출은 총계예산 기준임
4) 기타는 행정운영 경비와 재무활동 예산을 합한 액수임

2013년 경기도/시·군 예산(복지예산) 현황

출처 : 2013 지방자치단체 통합재정 개요, 안전행정부

(단위 : 억원, %)

시·도명 (사군구)	예산액[1]	재정[2] 자립도 (%)	세출[3]			사회 복지 (%)
			보조사업 (%)	자체사업 (%)	기타[4] (%)	
합 계	38조 6,410	71.6	13조 9,851 (36)	17조 2,297 (45)	7조 4,262 (19)	9조 6,932 (25.1)
도본청	15조 5,676	60.1	5조 7,624 (37)	7조 1,036 (46)	2조 7,016 (17)	4조 2,992 (27.6)
시군계 (27시, 4군)	23조 734	49.7	8조 2,227 (36)	10조 1,261 (44)	4조 7,246 (20)	5조 3,940 (23.4)
시계	21조 6,080	51.3	7조 5,816 (35)	9조 6,052 (44)	4조 4,212 (21)	5조 1,419 (23.8)
수원시	1조 8,004	60.2	5,920 (33)	8,078 (45)	4,007 (22)	4,406 (24.5)
성남시	2조 1,222	65.2	4,211 (20)	1조 1,747 (55)	5,264 (25)	4,160 (19.6)
고양시	1조 3,973	54.7	5,182 (37)	5,075 (36)	3,716 (27)	3,659 (26.2)
부천시	1조 1,190	45.9	4,056 (36)	5,118 (46)	2,016 (18)	3,164 (28.3)
용인시	1조 5,205	63.8	5,294 (35)	6,264 (41)	3,647 (24)	3,262 (21.5)
안산시	1조 3,237	55.9	3,824 (29)	6,493 (49)	2,920 (22)	3,359 (25.4)
안양시	8,516	55.3	2,838 (33)	3,847 (45)	1,831 (22)	2,191 (25.7)
남양주시	8,751	40.8	3,848 (44)	3,256 (37)	1,648 (19)	2,599 (29.7)
의정부시	6,890	33.3	2,883 (42)	2,820 (41)	1,187 (17)	2,102 (30.5)
평택시	9,017	45.1	3,104 (34)	4,245 (47)	1,667 (19)	1,920 (21.3)
시흥시	1조 1,188	54	2,679 (24)	7,416 (66)	1,093 (10)	1,806 (16.1)
화성시	1조 1,913	58.4	3,684 (31)	6,263 (53)	1,966 (16)	2,265 (19.0)
광명시	4,913	49.5	1,744 (35)	2,143 (44)	1,026 (21)	1,526 (31.1)
파주시	7,412	46.3	3,384 (46)	2,485 (34)	1,542 (20)	1,849 (24.9)

시·도명 (시군구)	예산액[1]	재정[2] 자립도 (%)	세출[3]			사회 복지 (%)
			보조사업 (%)	자체사업 (%)	기타[4] (%)	
군포시	4,129	48.5	1,328 (32)	1,799 (44)	1,003 (24)	1,192 (28.9)
광주시	5,190	55.4	2,844 (55)	1,380 (27)	965 (18)	1,379 (26.6)
김포시	6,240	53.5	1,988 (32)	2,771 (44)	1,481 (24)	1,329 (21.3)
이천시	5,332	40.6	2,722 (51)	1,687 (32)	923 (17)	1,360 (25.5)
구리시	3,411	43	1,215 (36)	1,474 (43)	722 (21)	878 (25.7)
양주시	5,083	31.8	2,619 (52)	1,520 (30)	943 (18)	1,168 (23.0)
안성시	5,539	38.5	2,973 (54)	1,626 (29)	940 (17)	1,187 (21.4)
포천시	4,402	29.5	1,808 (41)	1,572 (36)	1,022 (23)	1,048 (23.8)
오산시	3,271	45.8	1,225 (37)	1,406 (43)	640 (20)	898 (27.5)
하남시	4,364	52.3	1,464 (34)	2,271 (42)	630 (14)	742 (17.0)
의왕시	2,680	47.7	935 (35)	1,248 (47)	497 (18)	712 (26.6)
동두천시	2,803	19.6	1,614 (58)	767 (27)	421 (15)	768 (27.4)
과천시	2,201	48	429 (19)	1,277 (58)	495 (23)	489 (22.2)
군계	1조 4,654	28.2	6,411 (44)	5,209 (36)	3,034 (20)	2,521 (17.2)
여주군	4,034	38.2	1,661 (41)	1,585 (39)	787 (20)	807 (20.0)
양평군	3,993	23.8	1,983 (50)	1,185 (30)	826 (20)	728 (18.2)
가평군	3,252	27.5	1,153 (35)	1,299 (40)	800 (25)	587 (18.1)
연천군	3,376	22.5	1,613 (48)	1,140 (34)	622 (18)	399 (11.8)

1) 총계예산
2) 시도별 평균은 순계예산 기준이며, 시군구 수치는 총계예산 기준임
3) 시도와 시군구의 세출은 총계예산 기준임
4) 기타는 행정운영 경비와 재무활동 예산을 합한 액수임

2013년 강원도/시·군 예산(복지예산) 현황

출처 : 2013 지방자치단체 통합재정 개요, 안전행정부

(단위 : 억원, %)

시·도명 (사군구)	예산액[1]	재정[2] 자립도 (%)	세출[3]			사회 복지 (%)
			보조사업 (%)	자체사업 (%)	기타[4] (%)	
합 계	10조 1,667	26.6	5조 4,320 (53)	2조 8,183 (28)	1조 9,164 (19)	2조 1,671 (21.3)
도본청	3조 7,171	21.7	2조 2,929 (62)	8,777 (24)	5,464 (14)	9,953 (26.8)
시군계 (7시, 11군)	6조 4,496	19.2	3조 1,391 (49)	1조 9,406 (30)	1조 3,700 (21)	1조 1,718 (18.2)
시계	3조 4,856	23.6	1조 6,221 (47)	1조 682 (31)	7,953 (22)	7,643 (21.9)
춘천시	8,328	27.9	3,727 (45)	2,613 (31)	1,988 (24)	1,935 (23.2)
원주시	7,810	26.7	4,017 (51)	2,355 (30)	1,438 (19)	1,840 (23.6)
강릉시	6,281	21.3	2,867 (46)	2,106 (34)	1,308 (20)	1,419 (22.6)
동해시	2,802	17.5	1,345 (48)	700 (25)	757 (27)	649 (23.2)
태백시	2,479	31.3	1,004 (41)	663 (27)	812 (32)	455 (18.4)
속초시	2,769	19.7	1,234 (45)	811 (29)	723 (26)	620 (22.4)
삼척시	4,389	17.1	2,028 (46)	1,434 (33)	927 (21)	724 (16.5)
군계	2조 9,641	14.5	1조 5,170 (51)	8,724 (29)	5,747 (20)	4,075 (13.7)
홍천군	3,845	15.9	1,733 (45)	1,543 (40)	570 (15)	567 (14.7)
횡성군	2,919	18.6	1,500 (51)	815 (28)	605 (21)	427 (14.6)
영월군	2,788	12.7	1,520 (55)	733 (26)	535 (19)	374 (13.4)

시·도명 (사군구)	예산액[1]	재정[2] 자립도 (%)	세출[3]			사회 복지 (%)
			보조사업 (%)	자체사업 (%)	기타[4] (%)	
평창군	2,834	14.3	1,340 (47)	941 (33)	552 (20)	332 (11.7)
정선군	2,840	22.9	1,503 (53)	708 (25)	629 (22)	384 (13.5)
철원군	2,660	10.7	1,353 (51)	740 (28)	567 (21)	410 (15.4)
화천군	2,120	11.8	1,201 (57)	503 (24)	416 (19)	268 (12.6)
양구군	2,300	15.2	1,329 (58)	630 (27)	342 (15)	275 (12)
인제군	2,730	11.1	1,132 (41)	1,037 (38)	560 (21)	353 (12.9)
고성군	2,479	11.8	1,439 (58)	549 (22)	490 (20)	328 (13.2)
양양군	2,126	12.2	1,119 (53)	526 (25)	481 (22)	356 (16.7)

1) 총계예산
2) 시도별 평균은 순계예산 기준이며, 시군구 수치는 총계예산 기준임
3) 시도와 시군구의 세출은 총계예산 기준임
4) 기타는 행정운영 경비와 재무활동 예산을 합한 액수임

2013년 충청북도/시·군 예산(복지예산) 현황

출처 : 2013 지방자치단체 통합재정 개요, 안전행정부

(단위 : 억원, %)

시·도명 (사군구)	예산액[1]	재정[2] 자립도 (%)	세출[3]			사회 복지 (%)
			보조사업 (%)	자체사업 (%)	기타[4] (%)	
합 계	8조 3,830	34.2	4조 4,415 (53)	2조 6,863 (32)	1조 2,552 (15)	2조 759 (24.8)
도본청	3조 3,381	27.4	1조 9,541 (59)	1조 338 (31)	3,502 (10)	9,994 (29.9)
시군계 (3시, 9군)	5조 449	24.1	2조 4,874 (49)	1조 6,525 (33)	9,050 (18)	1조 766 (21.3)
시계	2조 3,096	27.5	1조 1,153 (48)	7,629 (33)	4,314 (19)	6,095 (26.4)
청주시	1조 958	36.4	5,369 (49)	3,448 (31)	2,141 (20)	3,565 (32.5)
충주시	7,252	18.8	3,567 (49)	2,286 (32)	1,399 (19)	1,411 (19.5)
제천시	4,886	20.8	2,217 (45)	1,895 (39)	773 (16)	1,119 (22.9)
군계	2조 7,354	21.4	1조 3,721 (50)	8,896 (33)	4,736 (17)	4,670 (17.1)
청원군	4,984	32.2	2,486 (50)	1,790 (36)	709 (14)	1,074 (21.5)
보은군	2,511	12.3	1,249 (50)	828 (33)	434 (17)	325 (12.9)
옥천군	3,047	15.7	1,547 (50)	869 (29)	631 (21)	511 (16.8)
영동군	3,004	13.7	1,421 (47)	1,053 (35)	530 (18)	468 (15.6)
증평군	1,468	16.8	749 (51)	449 (31)	270 (18)	290 (19.8)
진천군	3,121	28.7	1,590 (51)	1,002 (32)	528 (17)	466 (14.9)
괴산군	2,617	14.1	1,456 (55)	720 (28)	441 (17)	383 (14.6)
음성군	4,077	27.8	2,127 (52)	1,193 (29)	757 (19)	809 (19.8)
단양군	2,525	18.1	1,096 (44)	992 (39)	437 (17)	344 (13.6)

1) 총계예산
2) 시도별 평균은 순계예산 기준이며, 시군구 수치는 총계예산 기준임
3) 시도와 시군구의 세출은 총계예산 기준임
4) 기타는 행정운영 경비와 재무활동 예산을 합한 액수임

2013년 충청남도/시·군 예산(복지예산) 현황

출처 : 2013 지방자치단체 통합재정 개요, 안전행정부

(단위 : 억원, %)

시·도명 (사군구)	예산액[1]	재정[2] 자립도 (%)	세출[3]			사회 복지 (%)
			보조사업 (%)	자체사업 (%)	기타[4] (%)	
합 계	11조 6,830	36	6조 4,126 (55)	3조 4,321 (29)	1조 8,382 (16)	2조 5,191 (21.6)
도본청	4조 5,867	29.4	2조 8,168 (61)	1조 2,766 (28)	4,932 (11)	1조 1,748 (25.6)
시군계 (8시, 7군)	7조 963	26.2	3조 5,958 (51)	2조 1,555 (30)	1조 3,450 (19)	1조 3,442 (18.9)
시계	4조 7,641	32.4	2조 3,091 (49)	1조 5,365 (32)	9,185 (19)	9,551 (20)
천안시	1조 2,000	46.6	5,494 (46)	4,615 (38)	1,891 (16)	2,613 (21.8)
공주시	5,048	17.5	2,516 (49)	1,392 (28)	1,140 (23)	951 (18.8)
보령시	5,113	19.7	2,275 (45)	1,290 (25)	1,547 (30)	924 (18.1)
아산시	7,945	48.5	3,746 (47)	2,818 (36)	1,380 (17)	1,691 (21.3)
서산시	5,620	27.8	2,537 (45)	2,064 (37)	1,019 (18)	1,072 (19.1)
논산시	5,101	16.1	2,992 (59)	1,283 (25)	826 (16)	1,185 (23.2)
계룡시	1,282	22.1	610 (48)	400 (31)	271 (21)	232 (18.1)
당진시	5,533	30.6	2,922 (53)	1,502 (27)	1,109 (20)	882 (15.9)
군계	2조 3,321	14.8	1조 2,867 (55)	6,190 (27)	4,265 (18)	3,891 (16.7)
금산군	3,033	18	1,687 (56)	770 (250	575 (19)	535 (17.6)
부여군	3,825	11.3	2,307 (60)	806 (21)	712 (19)	715 (18.7)

시·도명 (사군구)	예산액[1]	재정[2] 자립도 (%)	세출[3]			사회 복지 (%)
			보조사업 (%)	자체사업 (%)	기타[4] (%)	
서천군	3,241	12.2	1,967 (61)	617 (19)	657 (20)	624 (19.3)
청양군	2,418	13	1,316 (55)	656 (27)	445 (18)	321 (13.3)
홍성군	3,700	18.1	1,996 (54)	1,012 (27)	693 (19)	672 (18.2)
예산군	3,750	13.8	2,206 (58)	924 (25)	619 (17)	588 (15.7)
태안군	3,355	18.5	1,387 (41)	1,404 (42)	564 (17)	435 (13)

1) 총계예산
2) 시도별 평균은 순계예산 기준이며, 시군구 수치는 총계예산 기준임
3) 시도와 시군구의 세출은 총계예산 기준임
4) 기타는 행정운영 경비와 재무활동 예산을 합한 액수임

2013년 전라북도/시·군 예산(복지예산) 현황

출처 : 2013 지방자치단체 통합재정 개요, 안전행정부

(단위 : 억원, %)

시·도명 (사군구)	예산액[1]	재정[2] 자립도 (%)	세출[3]			사회 복지 (%)
			보조사업 (%)	자체사업 (%)	기타[4] (%)	
합 계	11조 7,346	25.7	7조 164 (60)	3조 973 (26)	1조 6,209 (14)	3조 148 (25.7)
도본청	4조 6,331	19.1	3조 753 (66)	1조 1,421 (25)	4,157 (9)	1조 4,763 (31.9)
시군계 (6시, 8군)	7조 1,016	18.5	3조 9,411 (55)	1조 9,552 (28)	1조 2,052 (17)	1조 5,385 (21.7)
시계	4조 3,901	21.2	2조 4,124 (54)	1조 2,087 (28)	7,691 (18)	1조 1,330 (25.8)
전주시	1조 1,453	32.3	5,038 (44)	4,161 (36)	2,254 (20)	3,495 (30.5)
군산시	8,451	27.1	5,014 (59)	2,206 (26)	1,230 (15)	2,036 (24.1)
익산시	8,250	20.7	4,528 (55)	2,376 (29)	1,347 (16)	2,462 (29.8)
정읍시	5,465	12.1	3,252 (59)	1,128 (21)	1,085 (20)	1,336 (24.4)
남원시	4,971	8.6	3,132 (63)	984 (20)	855 (17)	946 (19)
김제시	5,311	12.7	3,160 (60)	1,232 (23)	919 (17)	1,055 (19.9)
군계	2조 7,114	14.4	1조 5,287 (56)	7,465 (28)	4,362 (16)	4,055 (15)
완주군	5,404	25.8	2,891 (53)	1,944 (36)	569 (11)	996 (18.4)
진안군	2,730	13.6	1,384 (51)	817 (30)	529 (19)	355 (13)
무주군	2,766	14.1	1,373 (49)	929 (34)	465 (17)	318 (11.5)
장수군	2,634	9.2	1,467 (56)	662 (25)	505 (19)	366 (13.9)

시·도명 (사군구)	예산액[1]	재정[2] 자립도 (%)	세출[3]			사회 복지 (%)
			보조사업 (%)	자체사업 (%)	기타[4] (%)	
임실군	2,828	12.6	1,413 (50)	896 (32)	519 (18)	403 (14.3)
순창군	2,782	8.6	1,627 (58)	689 (25)	465 (17)	368 (13.2)
고창군	4,045	12.4	2,434 (60)	959 (24)	652 (16)	621 (15.4)
부안군	3,925	10.1	2,699 (69)	569 (14)	658 (17)	628 (16)

1) 총계예산
2) 시도별 평균은 순계예산 기준이며, 시군구 수치는 총계예산 기준임
3) 시도와 시군구의 세출은 총계예산 기준임
4) 기타는 행정운영 경비와 재무활동 예산을 합한 액수임

2013년 전라남도/시·군 예산(복지예산) 현황

출처 : 2013 지방자치단체 통합재정 개요, 안전행정부

(단위 : 억원, %)

시·도명 (시군구)	예산액[1]	재정[2] 자립도 (%)	세출[3]			사회 복지 (%)
			보조사업 (%)	자체사업 (%)	기타[4] (%)	
합 계	14조 443	21.7	8조 3,828 (60)	3조 5,007 (25)	2조 1,608 (15)	3조 1,775 (22.6)
도본청	5조 6,247	16.3	3조 8,289 (68)	1조 1,980 (21)	5,979 (11)	1조 5,750 (28)
시군계 (5시, 17군)	8조 4,196	16.7	4조 5,539 (54)	2조 3,027 (27)	1조 5,630 (19)	1조 6,025 (19)
시계	3조 363	26.2	1조 4,702 (48)	9,411 (31)	6,249 (21)	7,403 (24.4)
목포시	5,683	22.2	2,828 (50)	1,464 (26)	1,391 (24)	1,986 (34.9)
여수시	7,858	31.9	3,927 (50)	2,159 (27)	1,773 (23)	1,918 (24.4)
순천시	7,204	21.8	3,469 (48)	2,474 (34)	1,261 (18)	1,672 (23.2)
나주시	4,413	18.2	2,009 (46)	1,429 (32)	976 (22)	927 (21)
광양시	5,204	35.3	2,470 (48)	1,886 (36)	848 (16)	900 (17.3)
군계	5조 3,833	11.8	3조 837 (58)	1조 3,616 (25)	9,381 (17)	8,622 (16)
담양군	2,844	17	1,410 (50)	969 (34)	465 (16)	440 (15.5)
곡성군	2,587	8.6	1,644 (63)	489 (19)	454 (18)	376 (14.5)
구례군	2,239	9.5	1,160 (51)	709 (32)	370 (17)	278 (12.4)
고흥군	4,156	10.2	2,445 (59)	1,044 (25)	667 (16)	695 (16.7)
보성군	3,490	10.2	2,124 (61)	844 (24)	521 (15)	531 (15.2)

시·도명 (시군구)	예산액[1]	재정[2] 자립도 (%)	세출[3]			사회 복지 (%)
			보조사업 (%)	자체사업 (%)	기타[4] (%)	
화순군	3,951	24.5	2,128 (54)	1,142 (29)	681 (17)	607 (15.4)
장흥군	2,969	9.5	1,640 (55)	824 (28)	505 (17)	469 (15.8)
강진군	2,507	7.3	1,364 (54)	652 (26)	491 (20)	392 (15.6)
해남군	4,152	8.5	2,441 (59)	1,006 (24)	705 (17)	771 (18.6)
영암군	3,205	20.3	1,764 (55)	886 (28)	555 (17)	526 (16.4)
무안군	3,056	11.7	1,649 (54)	866 (28)	540 (18)	592 (19.4)
함평군	2,402	7.9	1,413 (59)	556 (23)	433 (18)	520 (21.6)
영광군	3,262	12.2	1,628 (50)	895 (27)	739 (23)	553 (17)
장성군	3,067	12.3	2,016 (66)	593 (19)	458 (15)	490 (16)
완도군	3,510	10.8	2,160 (62)	673 (19)	678 (19)	560 (16)
진도군	2,515	11.7	1,510 (60)	561 (22)	444 (18)	370 (14.7)
신안군	3,922	8.4	2,341 (60)	908 (23)	673 (17)	452 (11.5)

1) 총계예산
2) 시도별 평균은 순계예산 기준이며, 시군구 수치는 총계예산 기준임
3) 시도와 시군구의 세출은 총계예산 기준임
4) 기타는 행정운영 경비와 재무활동 예산을 합한 액수임

2013년 경상북도/시·군 예산(복지예산) 현황

출처 : 2013 지방자치단체 통합재정 개요, 안전행정부

(단위 : 억원, %)

시·도명 (사군구)	예산액[1]	재정[2] 자립도 (%)	세출[3]			사회 복지 (%)
			보조사업 (%)	자체사업 (%)	기타[4] (%)	
합 계	17조 7,444	28	9조 5,045 (54)	4조 8,717 (27)	3조 3,681 (19)	3조 8,876 (21.9)
도본청	6조 5,618	22.1	4조 194 (61)	1조 3,797 (21)	1조 1,628 (18)	1조 8,483 (28.2)
시군계 (10시, 13군)	11조 1,826	20.9	5조 4,852 (49)	3조 4,921 (31)	2조 2,053 (20)	2조 393 (18.2)
시계	7조 3,039	25.6	3조 4,330 (47)	2조 3,882 (33)	1조 4,827 (20)	1조 4,927 (20.4)
포항시	1조 2,177	39.2	5,859 (48)	3,413 (28)	2,906 (24)	3,369 (27.7)
경주시	1조 250	25.2	4,462 (44)	3,903 (38)	1,885 (18)	1,725 (16.8)
김천시	5,820	19	2,670 (46)	2,080 (36)	1,070 (18)	1,132 (19.5)
안동시	7,535	13.7	3,822 (51)	2,166 (29)	1,547 (20)	1,532 (20.3)
구미시	1조 470	42	4,624 (44)	3,876 (37)	1,970 (19)	2,167 (20.7)
영주시	5,170	18.5	2,821 (55)	1,374 (26)	975 (19)	1,079 (20.9)
영천시	5,840	19.8	2,672 (46)	2,176 (37)	992 (17)	863 (14.8)
상주시	5,957	13.1	2,832 (48)	1,814 (30)	1,310 (22)	851 (14.3)
문경시	4,383	19.8	1,982 (45)	1,382 (32)	1,019 (23)	727 (16.6)
경산시	5,438	27.5	2,586 (48)	1,698 (31)	1,153 (21)	1,483 (27.3)
군계	3조 8,787	12.7	2조 532 (53)	1조 1,039 (28)	7,226 (19)	5,466 (14.1)
군위군	2,271	9.1	1,221 (54)	648 (29)	402 (17)	250 (11)
의성군	4,161	10.4	1,903 (46)	1,382 (33)	876 (21)	645 (15.5)

마음을 더하는 복지를 꿈꾸며

시·도명 (사군구)	예산액[1]	재정[2] 자립도 (%)	세출[3]			사회 복지 (%)
			보조사업 (%)	자체사업 (%)	기타[4] (%)	
청송군	2,512	9.1	1,242 (49)	861 (34)	409 (17)	308 (12.3)
영양군	2,150	7.7	1,117 (52)	620 (29)	413 (19)	235 (10.9)
영덕군	3,142	12.3	1,692 (54)	834 (27)	616 (19)	550 (17.5)
청도군	3,034	11.6	1,744 (57)	697 (23)	593 (20)	387 (12.8)
고령군	2,433	14.7	1,436 (59)	536 (22)	462 (19)	327 (13.4)
성주군	2,987	15	1,360 (46)	993 (33)	633 (21)	338 (11.3)
칠곡군	3,975	21.9	1,828 (46)	1,350 (34)	797 (20)	931 (23.4)
예천군	3,196	10.1	1,783 (56)	802 (25)	611 (19)	468 (14.6)
봉화군	2,960	10.5	1,495 (51)	912 (31)	553 (18)	359 (12.1)
울진군	4,562	15	2,931 (64)	1,032 (23)	600 (13)	581 (12.7)
울릉군	1,405	14.9	771 (55)	371 (26)	263 (19)	87 (6.2)

1) 총계예산
2) 시도별 평균은 순계예산 기준이며, 시군구 수치는 총계예산 기준임
3) 시도와 시군구의 세출은 총계예산 기준임
4) 기타는 행정운영 경비와 재무활동 예산을 합한 액수임

2013년 경상남도/시·군 예산(복지예산) 현황

출처 : 2013 지방자치단체 통합재정 개요, 안전행정부

(단위 : 억원, %)

시·도명 (사군구)	예산액[1]	재정[2] 자립도 (%)	세출[3]			사회 복지 (%)
			보조사업 (%)	자체사업 (%)	기타[4] (%)	
합 계	16조 4,525	41.7	8조 4,110 (51)	5조 2,305 (32)	2조 8,110 (17)	3조 9,314 (23.9)
도본청	6조 2,077	34.4	3조 7,057 (60)	1조 7,008 (27)	8,012 (13)	1조 8,174 (29.3)
시군계 (8시, 10군)	10조 2,448	28.2	4조 7,053 (46)	3조 5,296 (34)	2조 98 (20)	2조 1,140 (20.6)
시계	6조 8,752	35.7	2조 9,652 (43)	2조 5,421 (37)	1조 3,679 (20)	1조 5,592 (22.8)
창원시	2조 3,549	42.8	8,970 (38)	1조 115 (43)	4,464 (19)	5,465 (23.2)
진주시	9,707	28.4	3,720 (38)	3,889 (40)	2,098 (22)	2,138 (22)
통영시	4,120	22.5	2,333 (57)	1,075 (26)	712 (17)	885 (21.5)
사천시	4,517	20.4	2,180 (48)	1,478 (33)	859 (19)	1,001 (22.2)
김해시	1조 339	37.4	5,146 (50)	2,984 (29)	2,210 (21)	2,765 (26.7)
밀양시	5,300	20	2,355 (45)	1,930 (36)	1,015 (19)	888 (16.8)
거제시	4,942	45.2	2,312 (47)	1,532 (31)	1,098 (22)	948 (19.2)
양산시	6,277	44.1	2,634 (42)	2,420 (39)	1,223 (19)	1,501 (23.9)
군계	3조 3,696	14.1	1조 7,402 (52)	9,875 (29)	6,419 (19)	5,548 (16.5)
의령군	3,003	15.4	1,516 (50)	769 (26)	719 (24)	382 (12.7)
함안군	3,348	24.2	1,788 (53)	835 (25)	725 (22)	576 (17.2)

시·도명 (사군구)	예산액[1]	재정[2] 자립도 (%)	세출[3]			사회 복지 (%)
			보조사업 (%)	자체사업 (%)	기타[4] (%)	
창녕군	3,672	15.4	1,711 (47)	1,283 (35)	678 (18)	618 (16.8)
고성군	3,118	14.5	1,714 (55)	858 (28)	545 (17)	560 (18)
남해군	3,136	13.5	1,561 (50)	925 (29)	650 (21)	546 (17.4)
하동군	3,243	13.1	1,728 (53)	936 (29)	578 (18)	547 (16.9)
산청군	3,170	11.5	1,666 (53)	1,014 (32)	491 (15)	565 (17.8)
함양군	3,222	10.7	1,827 (57)	895 (28)	499 (15)	543 (16.9)
거창군	3,967	11.3	1,874 (47)	1,225 (31)	868 (22)	622 (15.7)
합천군	3,817	12.1	2,017 (53)	1,135 (30)	665 (17)	590 (15.5)

1) 총계예산
2) 시도별 평균은 순계예산 기준이며, 시군구 수치는 총계예산 기준임
3) 시도와 시군구의 세출은 총계예산 기준임
4) 기타는 행정운영 경비와 재무활동 예산을 합한 액수임

2013년 세종특별자치시 예산(복지예산) 현황

출처 : 2013 지방자치단체 통합재정 개요, 안전행정부

(단위 : 억원, %)

시·도명 (사군구)	예산액[1]	재정[2] 자립도 (%)	세출[3]			사회 복지 (%)
			보조사업 (%)	자체사업 (%)	기타[4] (%)	
합 계	5,954	38.8	2,493 (42)	2,508 (42)	953 (16)	1,089 (18.3)
시본청	5,954	38.8	2,493 (42)	2,508 (42)	953 (16)	1,089 (18.3)

1) 총계예산
2) 시도별 평균은 순계예산 기준이며, 시군구 수치는 총계예산 기준임
3) 시도와 시군구의 세출은 총계예산 기준임
4) 기타는 행정운영 경비와 재무활동 예산을 합한 액수임

2013년 제주특별자치도 예산(복지예산) 현황

출처 : 2013 지방자치단체 통합재정 개요, 안전행정부

(단위 : 억원, %)

시·도명 (사군구)	예산액[1]	재정[2] 자립도 (%)	세출[3]			사회 복지 (%)
			보조사업 (%)	자체사업 (%)	기타[4] (%)	
합 계	3조 3,667	30.6	1조 6,250 (48)	9,333 (28)	8,084 (24)	6,478 (19.2)
도본청	3조 3,667	30	1조 6,250 (48)	9,333 (28)	8,084 (24)	6,478 (19.2)

1) 총계예산
2) 시도별 평균은 순계예산 기준이며, 시군구 수치는 총계예산 기준임
3) 시도와 시군구의 세출은 총계예산 기준임
4) 기타는 행정운영 경비와 재무활동 예산을 합한 액수임